ネイリストの常識は
お客様の**非常識**

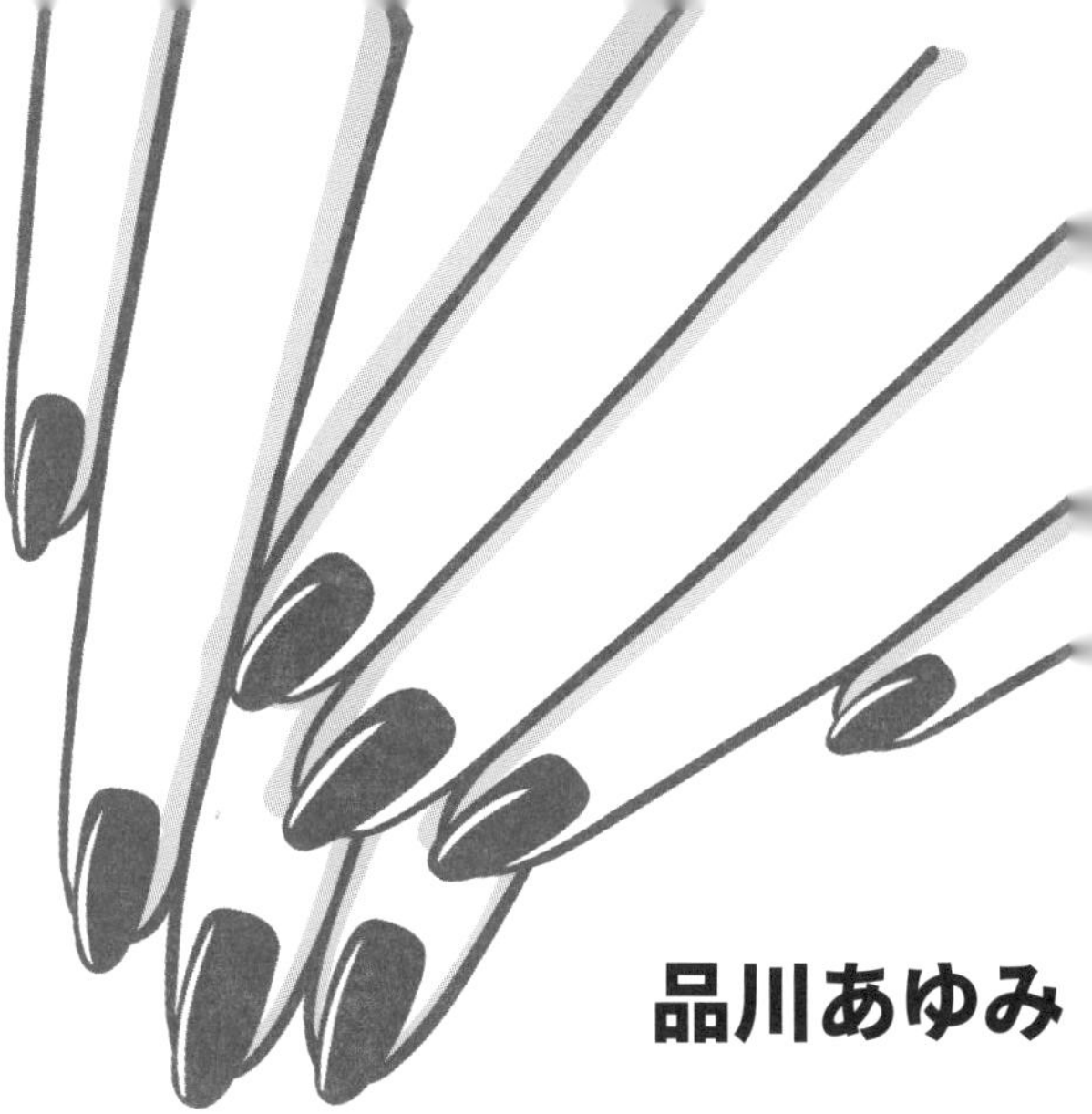

品川あゆみ

【時短特化型】オフオン45分・リピ率100%・値上げ

満席サロンのつくり方

はじめに

今のあなたは、どんな気持ちでこの本を手にとってくれていますか？


「どうすれば人気の満席サロンを作れるんだろう……」

「もっと時短できるなら収入が上がるだけじゃなく体も楽になるし最高だなぁ……」

「検定も技術もたくさん学んできたのに上手くいかない自分から抜け出したい！」

「家族時間も大事にしたいしお金も稼ぎたいし、どっちも叶える方法があるなら知りたい！」

「10年連続満席サロンの裏側を知ってマネしたい」

はじめに

など。もし、そんな気持ちで読み進めていただいているのでしたら、この本を最後までお読みいただければきっと解決策が見えてくるはずです。というのも……私も今のあなたと同じように「どうすれば上手くいくの？」と悩み苦しんできた1人でした。ネイルの持ちが悪くて、浮いたり、割れたり、取れたりしてトラブルの連続で「ずーん」と自信をなくしたり……アートのクオリティーも低くて時間ばかりかかってしまって1人3時間半かかってたこともあったり……次回予約も全然取れずに自信がなくなって「はぁー」と凹んでた時期も経験してきました。

でも何とかしなくちゃ……ってたくさんの時間をかけて色々なことを試してみたり、これだ！　と思うものに投資して挑戦してみたり、失敗を繰り返しながら試行錯誤してきて今の私があるので、あなたがもし日々のモヤモヤから抜け出せない悩みを抱えているのなら、痛いほどよくわかります。

だからこそ、過去の私と同じように「満席サロンを実現して心とお金と時間の自由を手に入れたい」と思っているあなたのお役に立ちたくて、10年連続満席サロンを実現してきた私のメソッドをお伝えするために、今、ペンを走らせています。

ちなみに、いきなりこんな話をするのもどうかと思いますが、私たちネイリストってぶっちゃけ活字を読み続けるのは苦手ですよね。パッと見た時の視覚情報から直感的に体を動かして仕事をしてきてるのがネイリストですから。私も活字を読むのは苦手ですし、なんなら書くのも苦手なのに今書いていますからね（笑）なのでこの本ではできる限りイラストを使ったり、ちょっと珍しいかも知れませんが動画での解説を入れたりして、よりスムーズに理解できるように工夫していきますので、ぜひ最後までお読みいただいて、満席サロンを叶える方法を実際に試してみてください。

時短技術や時短サロンワーク、新規集客からリピ率を上げる方法まで、満席サロンを叶えるために今すぐ取り入れて欲しい大切なお話だけじゃなく、私たちネイリストがネイル業界の教育文化に影響されて〝やらなくてもいいこと〟に時間とお金を使ってしまっている〝ネイル業界の闇〟の話まで、ネイリストとしての人生を豊かにしたいあなたにとって、知らないと後悔する内容を包み隠さずお伝えしていきます。

あと私、堅苦しい言葉遣いも苦手なので、もしかすると言葉に丁寧さが欠けるかもしれませんが、等身大の私で書いていきたいので、少しフランクな言葉で書いていくことにします。本ですけど、私はあなたとお話しするつもりで書いていきますので、あなたもよかったら私とお話しするつもりで読み進めてくれたら嬉しいです。

先に私の自己紹介をしますね。満席ネイルサロン講師の品川あゆみです。ネイリスト歴13年、満席サロン10年連続継続中、無期限まなび放題ネイルスクールＮＣＡ主宰、これまで１０００名以上のネイリストに指導をしてきました。

あとは一家の大黒柱なんです！　元々、旦那が働いてましたが日曜も仕事なのに給料は上がらず家族時間も取れなくて、お金も時間も心も満たされない毎日が続いて「何のための家族なんだろう？」と、なんだか生き苦しい毎日で。そんな時、家族を守るために私が大好きなネイルの仕事を覚悟を持ってやり切ると決意して「私が大黒柱になる！」と旦那と真剣に話し合いをした結果、旦那が主夫となって家事や育児をメインでやってくれるようになりました。実は2人の子どもがどちらも発達障害なので、大黒柱と言えど家族時間を大切にできる時短特化型の満席サロンメソッドを開発して、ストレスのない自宅ネイルサロンを経営しています。

もちろん、はじめは上手くいかない事もあって、お金の不安からイライラしたり辛かったですが、泥臭く努力をし続けてきた中で、たくさんの顧客様の力をお借りしながら時短サロンワークとリピ率100%にするための方法を開発して、10年連続満席サロンを実現してこれました。

こうやって様々な経験をしてきた今だからこそ言えることがあります。それは「なんでネイリストの教育文化に沿って検定を取得したのに実践ではうまくいかないのか?」「なんで次から次へと新しい技術を学んでも集客できなかったり満席にならないのか？」これはきっと私だけじゃなくあなたも、いえ、独立したネイリストのほとんどが感じていることじゃないでしょうか？

私は、今のネイリストの教育文化を変えていく必要性を感じています。このままずっと変わらない教育が続いてしまったら、大好きなネイルを仕事にしようとワクワクしてネイリストに挑戦する人達が、思うように活躍できない現実にぶち当たり、どんどん苦しんでいってしまうからです。この話の続きは次の章でもっと詳しくお話ししますね。

この本では私の経験を通して、

・ネイリストの教育文化の闇
・不要な検定や技術
・ついついやってしまうＮＧなこと

・満席サロンを実現するための3つのSTEP
・具体的な時短のやり方

など、第一線となる現場で今もネイリストをしている私だからこそお伝えできるリアルな情報を一挙に公開していきます。

あなたのようにネイルが大好きなネイリストやお子さんがいるママネイリストに、昔の私のような苦労をして欲しくないんです。この本を手にとってくれたことがネイリスト人生を大きく変えるきっかけになってくれたらとっても幸せです。そして私と一緒に叶えましょう、お客様に愛され続ける新規集客のいらない満席サロンを！

ネイリストの常識はお客様の非常識
「オフオン45分」「リピ率100%」「値上げ」
時短特化型・満席サロンのつくり方

はじめに ---- 2

序 全ネイリスト必読！
誰も指摘しないネイル教育文化の闇 ---- 13

・なぜ、この話をするのか？ ---- 14
・ネイルサロンは5年で90%潰れる ---- 15
・検定で学ぶほとんどの内容は、満席サロンに必要ありません… ---- 18
・「検定や技術の数=クオリティーが高い」ではない ---- 21
・何かに取り憑かれたかのように踊らされるネイリスト ---- 23

もくじ

1 持ってても使わない検定&技術 徹底解説 27
・満席サロンを叶えるパズルのピース 28
・ネイル検定は3級があればOK 32
・ネイル検定2級と1級は満席サロンに必要ではない 54
・お客様は検定なんてどうでもいい…… 70
・検定以外の技術、アートはこれを見てから学べ！ 76
・自己満になったらネイリスト人生は終わる 80

2 日本人だからこそやってしまう「おもてなしの罠」 85
・「丁寧＝時間をかける」は間違い 87
・「嫌われたくないから言わない」は間違い 96

もくじ

3 リピ率100%満席サロンを実現するための3つのSTEP 107
STEP1 新規集客動線を整える 109
STEP2 時短サロンワーク&リピート施策の実践 123
STEP3 実践と反復で売上の天井を破壊 208

4 時短リアルスピード動画公開&ポイント解説 215
・ファイリングリアルスピード 218
・ハンドオフのみ35分リアルスピード 238
・フットワンカラー50分リアルスピード 254
・時短リアルスピード動画&ポイント解説まとめ 284

おわりに 286

序

全ネイリスト必読！
誰も指摘しない
ネイル教育文化の闇

なぜ、この話をするのか？

ここからの話はあなたにとってちょっと刺激的な内容になるかもしれません。ただこれは、私が10年連続で満席サロンを継続してきた経験からお伝えする事実ベースの話になりますし、これまで１０００名以上のネイリストの指導やネイルスクールを経営しているからこそ言えるリアルな話です。

この内容を既に知っていて行動に移しているネイリストは、自宅サロンが順調に上手くいってる傾向にあります。でも逆に、この内容を知らないネイリストは……残念ながら情報に振り回されてしまって、サロンワークも集客も売上も思い通りにならないまま〝何をしたらいいのか見失ってしまっている状態〟になってる方が多いんです。

なぜ、最初にこの話をするのか……ひとことで言えば、満席サロンを叶えたいネイリストなら、先にこの内容を知っておかないと、情報に振り回されて無駄な時間を過ごしてしまうからです。

たとえば、モグラ叩きって叩けば叩くほど次のモグラが出てきて一生終わらないじゃないですか。そんな状態だと「えぇ……また次のもぐら……」というように、最後には疲弊してやめてしまうのは自分ですよね。ネイリストの教育文化もまさにそれと同じ状態になっていて、目先の問題を解決しようとどれだけ対処していても、根本的な問題を解決しない限り満席サロンを叶えることは難しくなります。

ネイルサロンは5年で90％潰れる

ネイルサロンの5年以内の廃業率……それは90％以上と言われています。これはあなたが「10％以内の選ばれしサロンに入らないと生き残れない」ということです。

さらに廃業する対象がまさに私たちのような小規模なネイルサロンばかりなんです。というのも、〝ネイル白書2020〟で公開されたデータでは、過去5年間で倒産したネイルサロンは〝資本金1000万円未満が約9割〟を占めていたと言われています。

「資本金1000万円未満って、私たち自宅サロンをしているネイリストがほとんどじゃん……」と思いませんか？

それだけじゃないですよ。その倒産しているネイルサロンの平均業歴が、なんと10年以上なんです……ちょっと待ってください。これ、やばいですよね。だって「10年の経験値があっても9割の人が生き残れない業界」に、私たちネイリストが立たされているってことですよ。

それなのにコロナによる風の時代の到来もあって、独立開業するネイリストが増え続けている＝ライバルが増え続けているという状況……さらに、コロナで給与が減ってしまった人が多くて、緊急性のないネイルにお金をかける女性が明らかに減ってしまいました。

この状況によって私たちネイリストは、続々と増えるライバル店との激しい競争に晒され、

新規集客・顧客獲得しなくちゃ！　と焦り

↓

集客するために低価格競争をしてしまい
↓
資金力に乏しい自宅サロンは低価格だと体力が持たなくなり
↓
経営難となり廃業するしかない状況へ

このような結末を迎えてしまう自宅ネイリストが今、増えているんです。

だから、のらりくらりと「ネイルが好きだから」という理由だけで独立開業なんてしたら、痛い目にあうのがネイリスト業界なんですね。

でも、私たちネイリストが苦しい状況に立たされている一方で、売上を上げ続けているところもあります。それが、ネイル関連の検定を提供する会社です。次から次へとネイリストは増え続けているので、「とりあえず検定を」というネイリストの教育文化がある限り、この状態はきっと続いていくでしょう。

ただ……おかしいと思いませんか？　なぜ、ネイル検定を受けて一生懸命学んできたはずのネイリストの9割が、廃業に追い込まれるのでしょうか？　ネイリストとして活躍するために検定を受けたはずですよね？　お客様に選ばれるために学んできたはずですよね？　それなのになぜ……その行く末が9割廃業なのか……

この矛盾だらけの状況こそ、私があなたにお伝えしたかった〝ネイリスト教育文化の闇〟です。「ネイリストってオシャレで楽しそうだし、自宅サロンで成功できたら幸せだな」という華やかなイメージとは真逆となる、闇に包まれたネイル教育文化の真実。**ほとんどのネイリストが検定を取得してもうまくいかない**その理由を暴露していきます。

検定で学ぶほとんどの内容は、満席サロンに必要ありません…

いよいよ核心に迫る話をしていきますね。あなたは、ネイリストとして活躍するために必要だと思った検定をいくつ取得しましたか？　そしてなぜ、その検定を取らないといけないと思いましたか？

「先輩ネイリストがみんな取っていたから」
「検定の資格が多いほうがお客様に安心してもらえると思ったから」
「そもそも検定を取らないとネイリストとして活躍できないと思ったから」

など、検定を取得する上で何かしらの事前情報があって**とりあえず検定を優先的に取得した人が多い**と思います。もしかしたら、あなたもそうではありませんか？　もしそうなら……残念ながらその時点で非効率なネイリスト人生のスタートを切ってしまっているんです……

なぜなら、お客様に愛される満席サロンをつくる上で、**検定で学ぶほとんどの内容を実際のサロンワークでは使わない**からです。たとえば、私が保有している検定はネイル検定１級のみでジェルネイル検定は取得していませんが、それでも当たり前に10年連続でお客様から愛される満席サロンを継続できています。私の経験上、**ネイル検定は1級はいらないですし3級で充分**ですね。

しかもそれは、検定だけの話ではありません。今は多くの技術セミナーや講座、ス

クールが増えましたが、

・本当にその技術は必要なのか？
・実際に使う見込みのある技術なのか？
・本当にその技術をお客様が求めているのか？

など、そもそも何のためにその技術を学んだのか？　が明確になってないネイリストが多くて、「サロンワークに自信がない」「集客できない」「リピ率が悪い」などのお悩みの原因として多いのが、**取得した検定や技術をほとんど活かせてない**ということなんです。実際に私が「なぜ、その技術を学んだのですか？」と聞くと……

「流行っていたから……」
「ライバルが出来るなら私もと思って……」
「最新の技術は出来たほうがいいと思って……」

のように、明確な目的があるわけでもなく、**とりあえず学んでおいたという方がほと**

んど。しかもお悩み相談をいただくネイリストの状況を深掘りしていくと、「そもそも、その検定もその技術もいらないじゃん……」という結論になることばかりです。

もちろん、中には「自分のお店のコンセプトに必要だから」と目的がハッキリしている方もいますので、全員が全員、取得した検定や技術を活かせていないということではありませんし、「何でも出来るネイリストでいたい！」という目的があるなら全然いいと思います。でも実際のところ、**使うかもわからない技術をとりあえず学んでいる人がとにかく多い**というのが、私が1000名以上のネイリストに指導してきてたどり着いた結論です。

「検定や技術の数＝クオリティーが高い」ではない

「検定も技術も少ないなら、実はネイルのクオリティーが低いんじゃないの？」と思った人もいるかもしれません。いいえ、それは違います。私はネイル検定1級まで保有していて、実際に現場で使用しているのは3級の内容＋検定では学べないサロンワークですが、**余計な技術を断捨離したクオリティーの高い時短サロンワーク**を開発して、

10年連続でお客様に満足いただける満席サロンを継続しています。

しかも、私のサロンは広島駅から車で2時間のところにあるのですが、**お客様の中には県外から往復5時間もかけて通ってくださる方**もいたり、**東京に引っ越したお客様がネイルのためだけに新幹線で4時間、往復3~4万かけて通い続けてくださる方**もいたり、「時間も早いしクオリティーも高いし、何よりあゆみさんの人柄が良くて居心地がいいので、もう他のサロンに行けないです♡」と言ってくださる方も多いんです。

13年のネイル人生で「何かの検定や技術を持っていないいなら他のサロンに行きます!」なんてお客様から一度も言われたことはないですし、**そもそもお客様が実際に求めていることは検定の数や技術ではない**というのが、長年ネイリストをやってればわかってきます。

でも「それなら何のために検定があるの?」って疑問が出てきそうですが……**検定ありきの考え方は、昔から続いているネイリストの教育文化**です。私も最初は「ネイリストで成功したいなら検定は必要」だと思って試験を受けていましたし、あなたもきっと同じだったのではないでしょうか？　「みんなが通る道だよね」みたいな感じで。

何かに取り憑かれたかのように踊らされるネイリスト

そもそもなぜ、これらの間違いが起きてしまうのか？　それはネイリストの教育文化そのものの問題と、風の時代で個の発信が増えたことによる情報量の多さに問題があると言えます。

ネイリストの教育文化については、先ほどもお伝えしたように古くから伝わる教育文化が守られていますので、**正解がある教育が正しいとされる日本の文化**が変わらない以上、これからも多くの人が「とりあえず検定を」という同じ道をたどることになるでしょう。

次に、個の発信が増えたことによる情報量の多さについては、自己表現だけではなくビジネスツールや検索ツールとして成長してきたSNSが、私たちネイリストにとって生活の一部となり、嫌でもネイル関連の情報が目に飛び込んでくるようになりましたよね。

特にInstagramはテキストを読むというより写真や動画がメインのSNSですし、綺麗な世界観を目にすることが多いので、視覚や感覚的に日常を過ごしている私たちネイリストとの相性も良くて、ついつい見ちゃうじゃないですか。

次から次へと新しい技術やアート、手法、マシン、考え方などが、〝まるで正解かのように〟表現されてるので、他のネイリストとの交流がない自宅ネイリストは特に、

「ライバルに負けられない……」
「自分が時代に乗り遅れてないか不安……」
「自宅サロンを成功させるために最先端を取り入れなきゃ……」

など、誰に言われたわけでもないのに、まるで何かに取り憑かれたかのように時間を奪われ、目まぐるしく入れ替わる情報に踊らされてしまっています。そのせいで、

・本当にお客様に求められているものは何なのか？
・何をすれば満席サロンを叶えられるのか？
・自分がやりたいことは何だったのか？

を見失ってしまい、**目的が見えない正解を求めて冷静に考えることが出来ずに迷宮入りしているネイリストが増え続けています**。私たちネイリストは、いったい何を信じ、何を取り入れれば、お客様から愛される満席サロンを実現できるのでしょうか……

さて、ここまではちょっと気持ちが落ちるような話を続けてきてしまいましたが、そろそろ希望を持てる内容を話していきますので安心してください（笑）

この本を手にとってくれているあなたは、10年連続満席サロンを叶えてきた私に可能性や期待を感じていただいたからこそ、ここまでしっかりと読んでくれているのだと思います。その期待にしっかりと応えられるように、**あなたがこれからお客様から愛される満席サロンを実現して、心とお金と時間の自由を手に入れていただくために**、

・何を取り入れて
・何を断捨離すべきなのか

ネイリスト歴13年のすべてを賭けて、事実ベースの話をここからお伝えしていきますね。

1

持ってても使わない検定&技術徹底解説

満席サロンを叶えるパズルのピース

まず一つの結論として、ネイリストが集客に苦しむことなく**お客様から愛される満席サロンを叶えるためには、検定や技術を増やし続けるよりも、本当に必要なものだけを見極めて断捨離していく**必要があります。

満席サロンに最低限必要なものは何なのか？　を見極められると、余計な時間をかけずに、余計なお金も使わずに、満席サロンを叶えるためのパズルのピースが揃っていきます。しかもそのピースの数って、実はそんなに多くないんですよね。

序章でも話しましたが、何が正しいのかわからない情報がたくさん溢れている今、「何をするか？」よりも「何をしないか？」を見極められるネイリストだけが、周りに振り回されることなく満席サロンを叶えていくのです。

でも、その答えは簡単に手に入れることはできません。なぜなら、満席サロンを継続的に実現しているネイリストにしかわからないからです。

・時短のやり方だけ
・サロンワークだけ
・一部のアートだけ
・一部の技術だけ
・接客のやり方だけ

など、**一つ一つのノウハウやメソッドはあくまで断片的な技術なので、それらすべてをかき集めたとしても満席サロンを叶えるためのパズルのピースが揃うわけではありません。**もちろん、「過去は満席サロンだった」というのも「今」ではないので、再現性が低いと言えるでしょう。

検定を取得しても満席サロンは叶わない。断片的な技術を集めても満席サロンは完成しない。でも、それに気づけないネイリストがたくさんいる。そんな「間違ったネイリスト教育文化の闇をなんとか変えていきたい！」という想いで、10年連続満席サロンを実現している私が、満席サロンのピースがすべて揃う場所として【時短サロンワーク特化型ネイルスクール&コミュニティー アリス】（以下、ＮＣＡ）というネイルスクールを開校したんです。

では、あなたが今後、満席サロンを効率的に実現させるために「何をしてはいけないか」がわかったところで、ここからはＮＣＡの生徒さんにはお伝えしている「持ってても使わない検定&技術」を徹底解説していきます。もし、今のあなたが

・検定取得に何年もかけたくない
・新しい情報が出るたびにセミナーを受けている
・セミナーや講座がありすぎて何を受けたらいいかわからない
・いち早くネイリストとして成功したい
・満席サロンを実現してる人に本当に必要なことだけを教えて欲しい

こんなお悩みがあるなら、余計な時間もお金も使わなくて済むように、やらないことを決める判断基準として参考にしていただけると嬉しいです。

断片的な技術を集めても満席サロンは完成しない

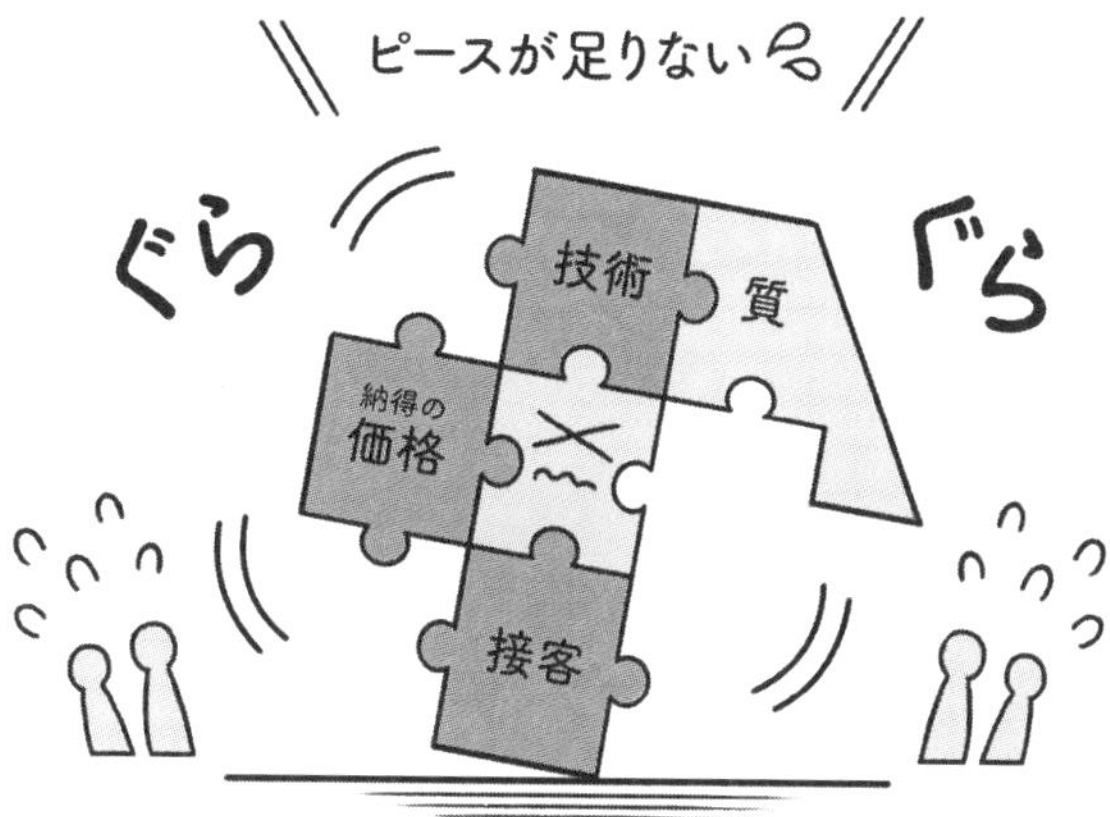

満席サロンのピースが全て揃って満席サロンが完成する

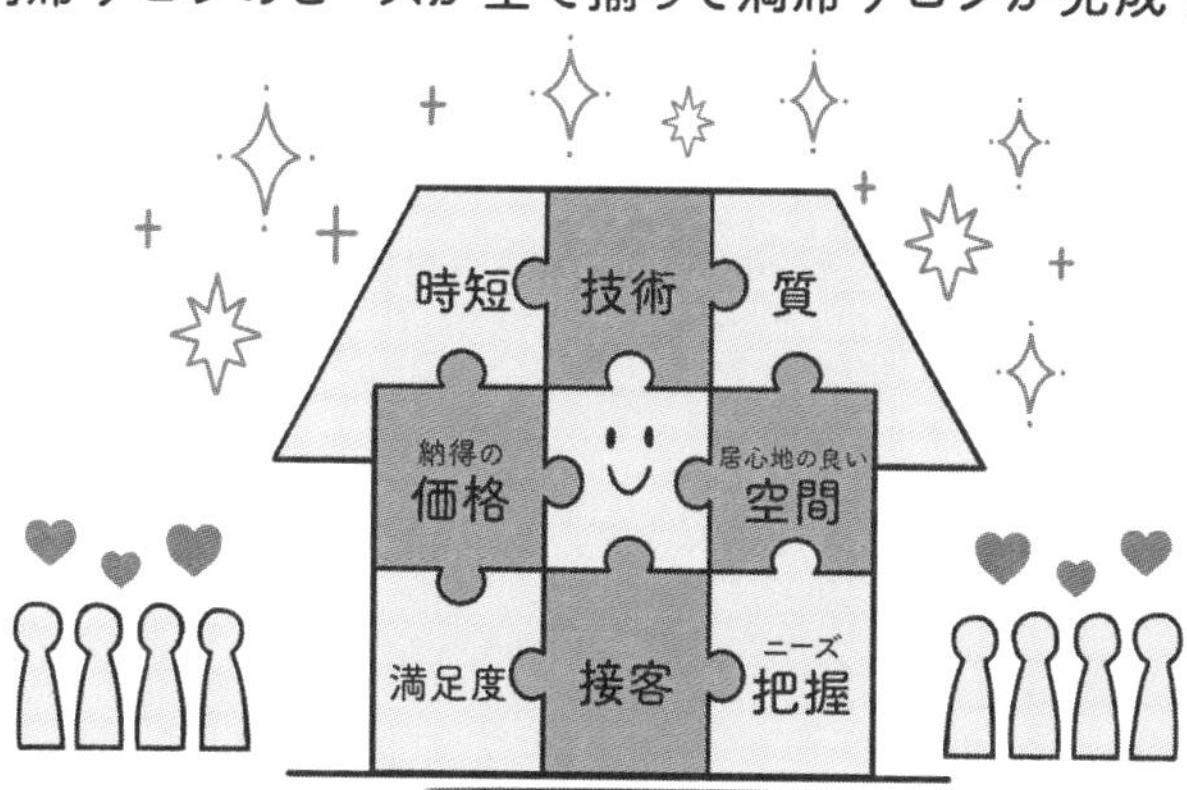

ネイル検定は３級があればＯＫ

まず先に結論を言ってしまうと、「ネイル検定は３級があればＯＫ」と私は考えますが、３級でもすべての内容が満席サロンのピースになるとは限りません。実際に、私が10年連続満席サロンを経営してきている基準で、３級で学ぶ内容に対してマークを付けてみました。

・バッチリ活用できるものに○
・使い方によっては活用できるものに▲
・正直、活用できないものに✕

それではご覧ください。

ネイル検定3級で学べる内容

手指消毒

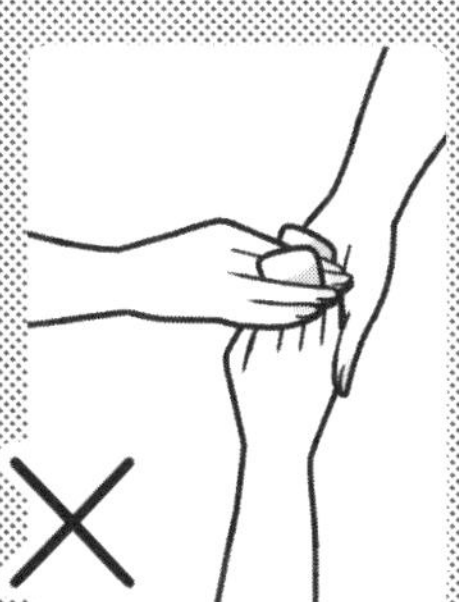

ポリッシュオフ

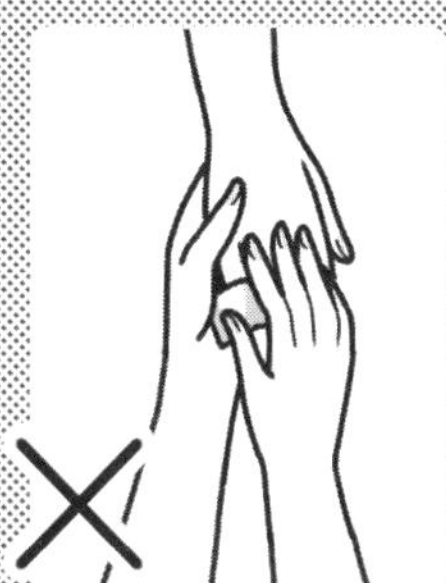

ファイリング

キューティクルクリーン（ウォーターケア）

ポリッシュ

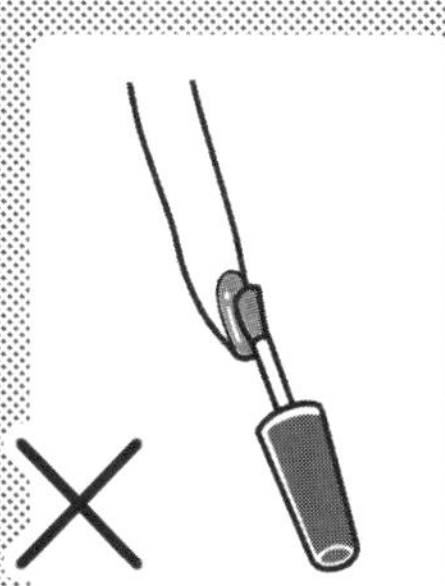

アクリル絵の具アート

3級の技術は満席サロンには必要ない!?

さて……だいぶ衝撃的な結果じゃないでしょうか？　そうなんです。**〇**が1つもないんですよね。なんなら、ほとんど**✕**という……一応、念のためにお伝えしますが、あくまで私が満席サロンを継続してきている上での基準で判断している内容です。批判や評論をしてるのではなく事実ベースでの話になりますのでご了承ください。では、一つ一つ解説していきますね。

✕手指消毒

結論、サロンワークでは不要です。検定の場合はコットンを用いた**擦式清拭消毒**というやり方が指定されていますが、私自身、実際のサロンワークでこの方法はやりませんし、たくさんのネイルサロンに足を運びましたが、擦式清拭消毒をしてもらったほうが少なかったです。

なぜコットンを使用せずエタノールを吹きかける**擦式消毒**をオススメするのか？ですが、とてもシンプルな話で、コットンを用いた**擦式清拭消毒**はお客様とネイリストでそれぞれ1枚、合計2枚のコットンを毎回消費するわけです。どう考えても無駄なコストですよね。

その他にも、コットンは毛羽立ちやすいので、指先がひび割れているお客様だと繊維が引っかかってしまって余計なストレスを与えてしまう可能性があります。しかも、引っかかったことによりお客様自身が（私の指ってひび割れてて恥ずかしいな……）のように、ネガティブな体験をさせてしまう可能性があるんです。わざわざお客様のマイナスになるような不安要素を施術工程に入れるのは、おかしな話になります。

ということで手指消毒については、コスト面、非効率性、顧客ファーストが理由で

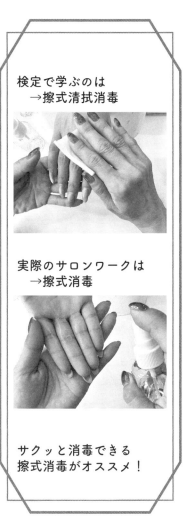

検定で学ぶのは
→擦式清拭消毒

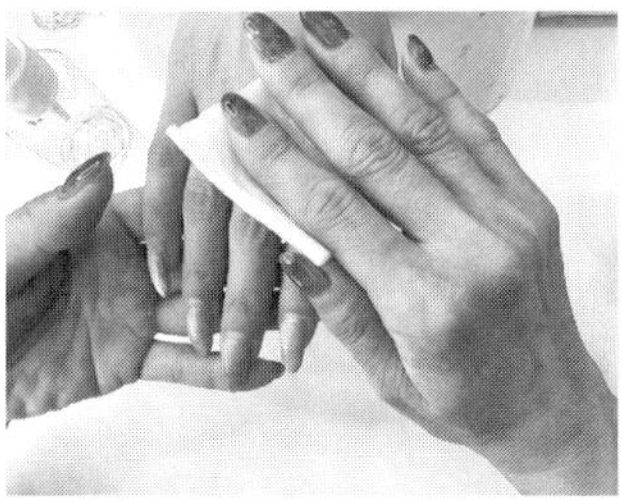

実際のサロンワークは
→擦式消毒

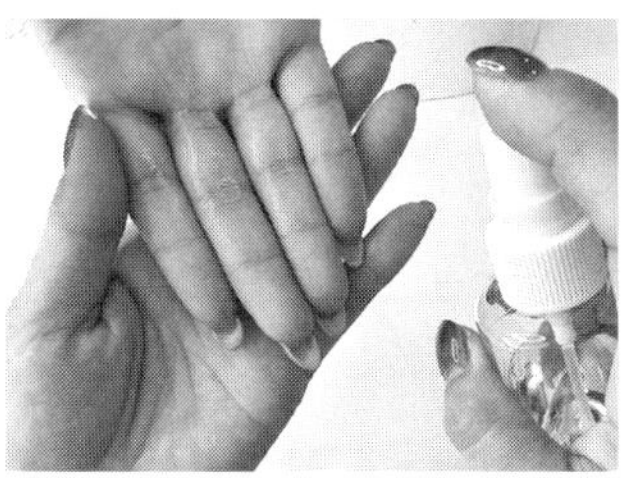

サクッと消毒できる
擦式消毒がオススメ！

✖にさせていただきました。実際のサロンワークでは、エタノールを吹きかけてサクッと消毒できる**擦式消毒**がオススメです。

✖ポリッシュオフ

こちらも不要です。そもそもポリッシュオフは、ポリッシュやマニキュア自体を施すネイルサロンがないと、自分のサロンワークではほぼ使わないんですよね……というくらい、今のネイル業界において利用頻度が落ちてるのがポリッシュオフ。仮にご新規様で、他店で施したポリッシュが残ってるお客様がご来店されたとしても、自宅サロンをやってるネイリストなら必ず持っている**アセトンで代用**できます。もちろん私のサロンにも除光液は置いていません。

そもそも、**実際のサロンワークでやるのはポリッシュオフではなくジェルオフばかり**ですよね？　ジェルオフのやり方はポリッシュとは全く違って、**アセトンで溶かして落としたりフィルインというベースを一層残す技法がメイン**になります。結論、実際のサロンワークで使うものを最初からしっかり取り入れたいのなら、ポリッシュオフではなくジェルオフのやり方を練習したほうが即戦力になるはずです。

検定で学ぶのは
→ポリッシュを
除光液でオフ

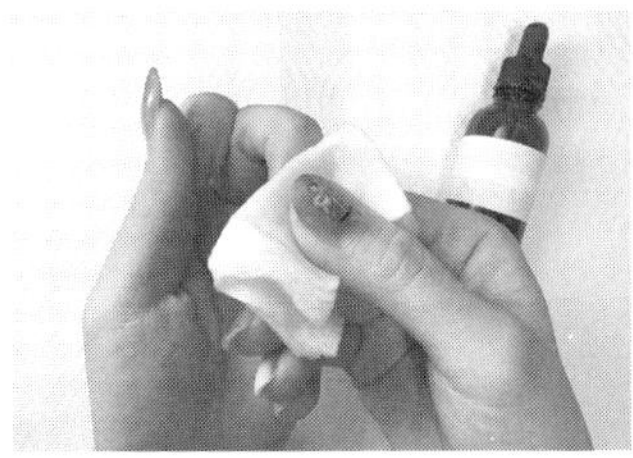

実際のサロンワークは
→ジェルオフ（アセトンオフorフィルイン）

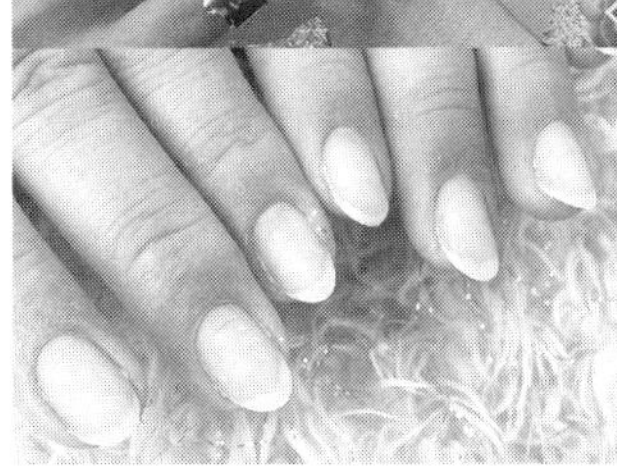

オフ技術を学ぶなら
ジェルのやり方を学ぼう！

▲ファイリング

ファイリングについては三角にさせていただきました。理由としては、

・基礎知識の習得
・ファイルの使い方に慣れる
・ファイリングに慣れる

・両手指10本のバランスを整える目を養う

などの視点から考えると、必要な学びだなと思います。が、検定で学ぶ「ラウンド」の形は、実際のサロンワークでは全くと言っていいほど使いません。もちろん店舗のコンセプトによっては使うかもしれませんが、一般的なネイルサロンであれば使う可能性が少ないはずです。

実際、お客様にご希望いただく人気のデザインはラウンドよりも爪がすっと綺麗に見える細長い形なんですが、新米ネイリストが施術した時に、なぜか爪の仕上がりが太くなっちゃうのは、検定で学んだラウンドの癖が抜けていないからです。なので、**検定でラウンドしか学んでないネイリストが実際のサロンワークで困るのは、実際のサロンワークで使用する爪の形（オーバル・ポイント・スクエア等）を学んでいない**ということが原因です。

私がこれまで1000名以上のネイリストを指導してきた中で、自宅サロンを開業してもファイリングが苦手で悩んでいるネイリストがとても多いので、これは間違いありません。**お客様に喜んでいただける爪の形を早く習得したいのであれば、検定で学ぶラウンドよりもサロンワークに特化した他の形（オーバル・ポイント・スクエア等）**を学びましょう。

まとめると、ファイルの使い方やファイリングに慣れるために検定で「ラウンド」を学ぶのはいいのですが、実践的によく使うようになるのは「オーバル・ポイント・スクエア」になりますので三角にしました。

検定で学ぶのは
→ラウンドだけど…

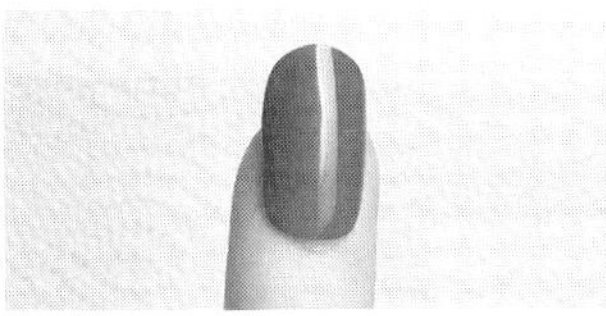

実際のサロンワークは
→ラウンド以外が多い

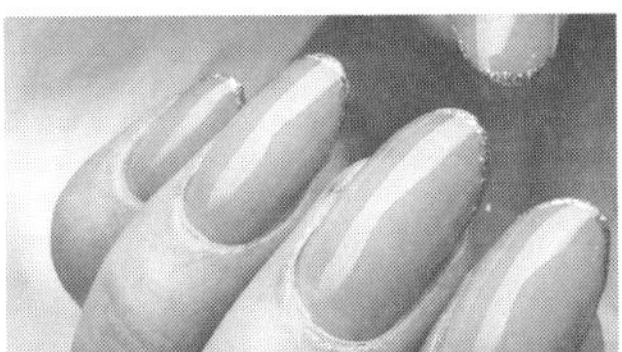

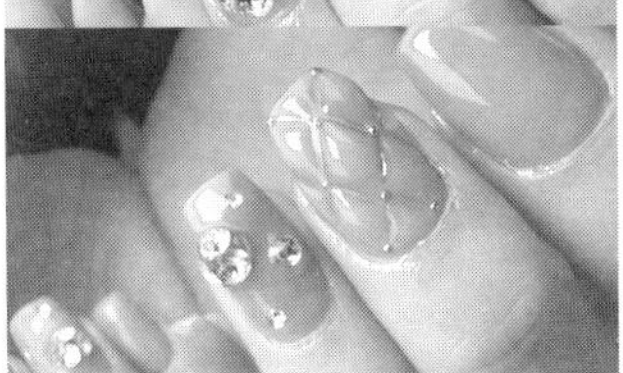

ラウンドよりもオーバル・ポイント・スクエアを練習しよう！

▲キューティクルクリーン

こちらも三角にしていますが、検定で学ぶ**ウォーターケアでのキューティクルクリーンについては三角**という結論になります。なぜなら、ウォーターケアは、

・施術時間がかかりすぎる
・準備にかかる時間や労力が多い

というデメリットがあり、**〝じっくり丁寧な接客〟として癒しやおもてなしを演出できるメリットよりも、デメリットのほうが大きい**からです。

【時間がかかりすぎる＝お客様にとって、体・心・時間の負担になる】

というのが、大きなデメリットとして私は捉えています。実際のところ、ウォーターケアを導入しているネイルサロンは今の時代とても少ないですよね。高級店で超高単価のコンセプトのサロンならアリかもしれませんが。

ちなみに私もずっとウォーターケアは導入していませんが、何の問題もありません。むしろ時間がかかってしまうやり方なので、**時短特化型の満席サロンメソッドを教える講師の私としてはオススメできない工程**です。

ご存知だと思いますが、キューティクルクリーンとはネイルを乗せる前に爪の上を綺麗にして不要な角質を取り除く工程です。キューティクルニッパーを使うように検定で学びますが、私がこれまで1000名以上のネイリストを指導してきた中で多かった意見として、

「キューティクルニッパーが苦手で……」
「検定で学んだけど実際のやり方がいまいち落とし込めてない」
「やればやるほど施術時間がかかって悩んでいる」

など、検定で学んでいても実際のサロンワークではうまく使いこなせてないネイリストばかりなんですね。しかも、**キューティクルニッパーをほとんど使わなくてもいい効率的な方法**が実在します。それが**マシーンケア**です。私のスクールNCAではその

方法を教えていますが、検定では今後も教えてくれることはないでしょう。私が推奨するマシーンケアの内容をちょっとまとめてみました。

マシーンケアは…

- ☑ とにかく施術時間が早い（時短）
- ☑ ジェルネイルが浮かないケアが最短時間で叶う（時短）
- ☑ お客様の皮膚の状態（カチカチ、ガチガチ、ふわふわなど）により、ビットを付け替えるだけで最大のパフォーマンスを発揮できる（時短）
- ☑ お客様が早く帰れる（時短）
- ☑ 自分の負担が減るだけじゃなく、時短により予約枠を増やせて売上UP

このように、私は時短に特化しながらもクオリティーを保てるメソッドを教えてい

ます。「え、でもマシーンだと削りすぎたりしない？」と思ったかもしれませんが、私のスクールNCAでは、「適切で最低限なビッドの選び方」や「必要以上に削らない施術方法」を教えていますので、**生徒さんが続々と時短＋高品質な施術を実現**しています。時短も仕上がりも満足の結果が出ますので、**もうウォーターケアには戻れなくなる生徒さんばかり**ですね。

正直、私たち現場で働くネイリストにとって、こういったサロンワークで実際に役

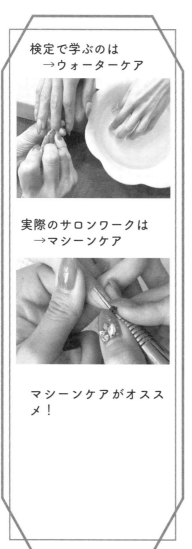

検定で学ぶのは
→ウォーターケア

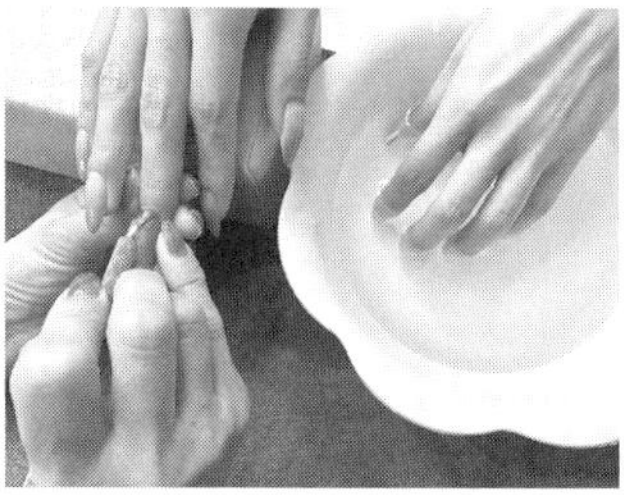

実際のサロンワークは
→マシーンケア

マシーンケアがオススメ！

立つ方法のほうが優先的に知りたいですよね？　なのに教えてもらえない！　という
もどかしさを解消するために、自分でスクールを作っちゃったのもあります（笑）

結論として、キューティクルクリーンという大きな枠で見たら必要ですが、検定で
学ぶウォーターケアよりもマシーンケアのほうがオススメなので、三角にさせていただきました。

マシーンケアを
導入するまでの経緯

知り合いにお願いして
ネイル施術の練習
↓
ジェルネイルオフ時に
手削りだと体力的に
しんどくてマシーン購入
↓
ジェルネイルオフを
マシーンで実施して慣れる
↓
ケア用のビッドを購入して
マシーンケアの練習
↓
正式にマシーンケア導入

ちなみに私がマシーンケアを導入するまでの経緯をイラストにまとめましたので、参考になれば嬉しいです。

✖ポリッシュ

ポリッシュ（マニキュア）は、先ほどのポリッシュオフのところでもお伝えしてますのでハッキリ言いますが不要です。「これ説明いるのかな？」と思うくらい、ポリッシュを使っているネイルサロンはないですね。今はどこに行ってもジェルネイル。お客様から求められるのもジェルネイル。「うち、ポリッシュなんです！」なんて売りにしてるサロンはもうほとんど見たことがありません。次ページの比較表を見てください。

説明いらないですよね……というくらい、「この条件下でポリッシュを使ってるネイルサロンありますか？」って、逆に問いたくなると思うんですが（笑）きっと、今これを見てくれているあなたも「うんうん、そりゃ間違いない！」って思ってくれたはずです。

でも……ちょっと冷静に考えてください。おかしいと思いませんか？「ネイリスト

《ポリッシュ》

・空気に触れる事で乾いていく
・表面の硬化（手を使えるようになるまで）
　→約1時間
・中まで完全に硬化するまでは約24時間必要
　→施術後のお客様は指を自由に使えないし超大変
・剥がれやすく持ちが悪い
　→ネイルの持ちはたった1週間程度

《ジェル》

・光重合により専用ライトですぐ固まる
　→施術後のお客様はすぐ爪に触れて
　　仕事や家事も出来る
・強度が高く爪の補強としても使える
　→ネイルの持ちは3週間〜1ヶ月

はまず検定を取らなきゃ！」という文化がある中で、基礎中の基礎となる3級の検定内容に、サロンワークでは**絶対使わないであろうポリッシュを学ぶ工程がある**わけです。そして、**絶対的に使うであろうジェルについては別の検定を受けないと学べない**んです。現代のネイリストにとって必須のジェルなのに、基礎中の基礎となる検定では学べない……私が「ネイリストの教育文化の闇」と言い切る理由が、ご理解いただけるのではないでしょうか？

結局、ジェル検定は別の検定を受けて学ぶか独学でやるかになりますが、私はジェル検定を受けずに独学でやってきました。

ポリッシュに関してはもう、これ以上の説明はいらないですよね。私たちネイリストにとって、時代遅れのポリッシュを学んだところで時間と労力を無駄にすることは間違いありません。特別な理由がない限りは。

検定で学ぶのは
→ポリッシュ
（マニキュア）

実際のサロンワークは
→ジェル

ジェル一択！
ジェルを練習しましょう！

✕アクリル絵の具アート

アクリル絵の具を使ったアートはサロンワークでほぼ使いません。理由は**ジェルを使うアートが主流になっている今、お客様から求められるネイルはジェルネイルばかり**だからです。

「ジェルの上にアクリルでアートはしないの?」という疑問を持つ方もいるかもしれませんが、**ジェルとアクリルは成分の違いがあるので相性が悪く、持ちが悪くなったり、**

剥がれやすくなったりとトラブルの原因になることが多いのであまりオススメできません。

他にもデメリットがあって、アクリルはポリッシュと同じで自然乾燥で固まる性質を持つので、一度施したアートの修正は難しいのです。でも逆にジェルだったら、アートの途中で硬化しておけば、その後のアートで万が一失敗しても硬化したところまで拭き取って修正できちゃうので柔軟性が高いんです。ここで質問です。あなたならどっちがいいですか？（笑）

答えを聞くまでもなく「ジェル一択」ですよね。私たちネイリストにとってのメリットだけじゃなく、お客様にとってもリスクを最小限に抑えることができるので、あえてアクリルを選ぶ理由はないはずです。

また、アクリル絵の具とジェルでは性質もやり方も違いがありすぎるので、**検定でアクリル絵の具のアートを練習しておいてもジェルを使ったアートが出来るようになるわけではないので気をつけましょう。**もちろんサロンメニューの幅を広げるためにアクリル絵の具を使う事があってもいいと思いますが、

《あなたならどっちを選ぶ？》

アクリル

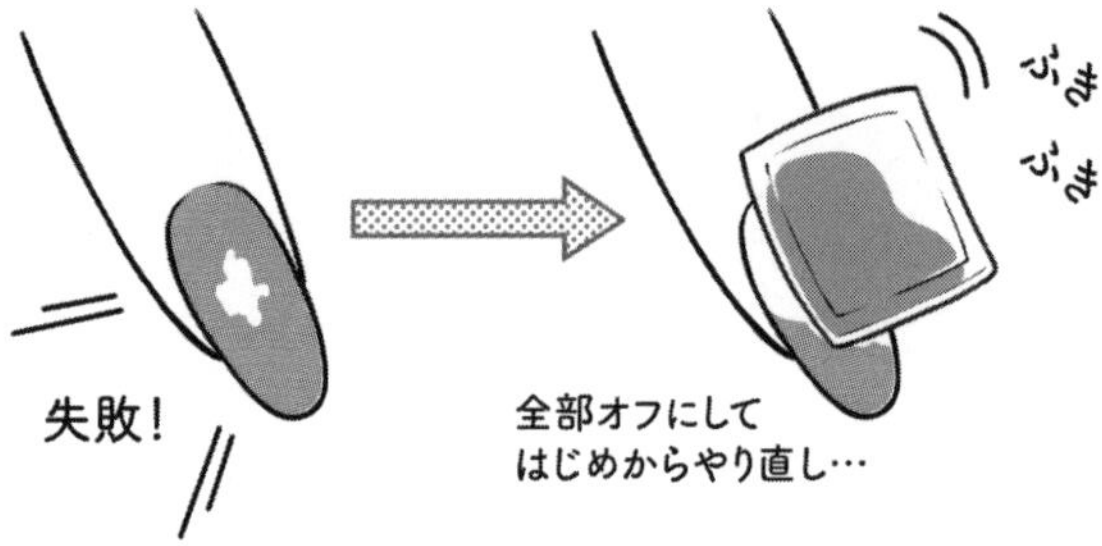
失敗！
ふきふき
全部オフにして
はじめからやり直し…

ミスしたら取り返しがつかない！
またスタート地点から……

ジェル

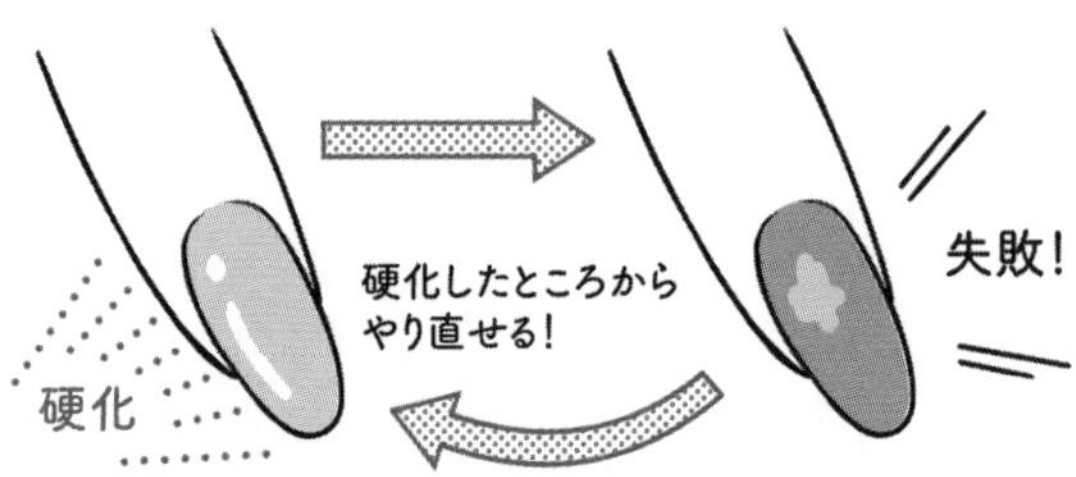
硬化
硬化したところから
やり直せる！
失敗！

工程ごとに硬化しておけば
万が一ミスしてもやり直し出来る！

・本当にお客様が求めていることでしょうか？
・アクリルを導入することで集客や売上が上がるのでしょうか？
・満席サロンを目指すあなたが、使うかもわからない技術を優先して学ぶべきなのでしょうか？

と、あなた自身に問いかけてみてください。実際、私は13年のネイリスト人生でアクリル絵の具を使ったネイルは両手で数えられるくらいしかやっていませんので、サロンのコンセプトがアクリルを使ったアートに特化してない限り、**アクリル絵の具アートを学んだところでサロンワークでは使わない**という結論に至りました。

念のため補足しておくと、アクリルでしか出来ないアートの代表例として「たらしこみフラワー」が挙げられますが、このアートのネイルシールがたくさん出ていますのでサロンに1枚買っておけば【ネイルシールを爪に貼ってジェルで埋め込む】ことで代用できます。その他のアクリルアートもある程度ジェルで再現できますので、私の判断はジェル一択です。

検定で学ぶのは
→アクリル絵の具
アート

実際のサロンワークは
→ジェルを使った
アート

ジェルネイルに絞って
練習しよう！

ネイルシールアップ

大量のネイルシールは
ブック型の箱でまとめ
て管理

検定3級の取得をオススメする1番の理由

その理由とはズバリ……**ネイル商材を卸価格で購入できる**です（笑）「えー、そこー！」って思った方もいるかもしれませんが。現状はネイル検定がないと商材を卸価格で買えないところが多いんです。ネイルサロンを経営する上でコスト削減は重要ポイントになるので、**卸価格で購入できる権利をもらえるのは大きなメリット**になります。

さて、ここまで検定3級についての解説をしてきて✖が多かったですが、結論としては、**「ネイリストの基礎知識として検定3級は持っておいたほうがいい」**ということになります。

技術的な学びについてはサロンワークの視点で考えるとあまり実践的ではありませんが、「ネイルって何？」「爪って何？」のように何もわからないスタート期の方は基本的なことが学べますし、「ネイル検定を持っている！」というメンタル面での自信になりますしね。何より、**ネイル商材を卸価格で購入できる権利はサロン経営において持っておきたい権利**ですから。

ネイル検定2級と1級は満席サロンに必要ではない

あくまで私が10年連続で満席サロンを経営してきて言える事実ベースの結論ですが、**お客様から愛される満席サロンを寄り道せずにいち早く叶えるために、ネイル検定2級と1級は必要ではありません**。とはいえ、「じゃあ◯◯はどうするの？」という疑問を持つ人もいると思うので、ここからは2級と1級について解説していきますね。3級と同じように学ぶ内容に対して次ページにマークを付けてみました。まずは2級から。

「え、ちょっとちょっと、全部✖ってあゆみさん……」と突っ込まれそうですが、突っ込みたいのは私の方です（笑）というより、2級で学ぶ内容って「チップラップ」以外は3級がベースになって被ってる内容ばかりなので✖が多いということになります。ちなみに、3級で▲だったファイリングとキューティクルクリーン（ウォーターケア）は、3級で解説した内容をやればOKです。この2つは先ほど3級の解説のところで取り上げてるので、それ以外の要素は不要という意味で今回は✖にしてます。

〝2級で学べる内容一覧〟を見ていただくとチップラップだけ色が違いますが、これだけ2級で新しく出てくる内容なので解説しておきますね。

ネイル検定2級で学べる内容

手指消毒

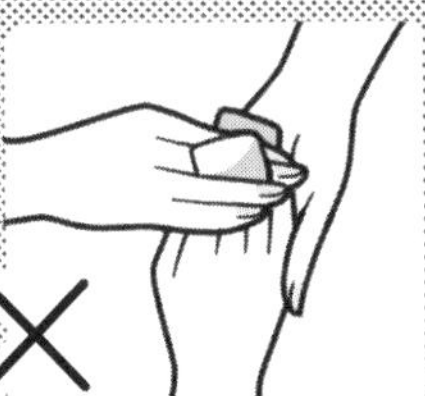

ポリッシュオフ

ファイリング

キューティクルクリーン
（ウォーターケア）

チップラップ

ポリッシュ
カラーリング

アクリル絵の具
アート

✖チップラップ

チップラップとは、爪に亀裂が入ったときに補強・修復を行う技術で、補強・修復にはシルクやグラスファイバーといったラップ材とレジン（接着剤）を使用するのですが……ぶっちゃけサロンワークで使うことはほぼありません。なぜなら、最近では**簡単に補強できるジェルや長さ出し専用チップで代用できる**ので、サロンワークで「チップラップの施術をする」というケースが無くなってきたからです。「じゃあ、実際に爪に亀裂が入った時のサロンワークはどうするの?」という疑問が出てくるはずなので、まずは次ページのイラストを見てほしいのですが。

このように、亀裂の大きさによってどんな対応をするか決めています。それぞれのやり方までは本で伝えるのが難しいので割愛しますが、13年のネイル人生の中で実体験に基づく亀裂時のあるあるとして**「亀裂が入った箇所を補修しても、根本的な改善ではないので同じ箇所から割れやすい状態は変わらない」**ということです。

これって実は私たち**ネイリストにとってもリスクがある状態で、施術後にまた亀裂が起こるとお客様の不満につながる可能性**が出てくるんですよ。だから私は、はじめから強度の高い長さ出しを提案しちゃいます。〝亀裂＝補修〟という概念を持ってるネイリストが多いですが、本当にお客様のことを考えるのなら、「お客様が長期的に満足いただける方法をお伝えすること」をプロとしてやるべきだと私は考えます。

《実際のサロンワークで必要な技術》

〈小さな亀裂の場合〉

ファイバーが混ざっているジェルを使う

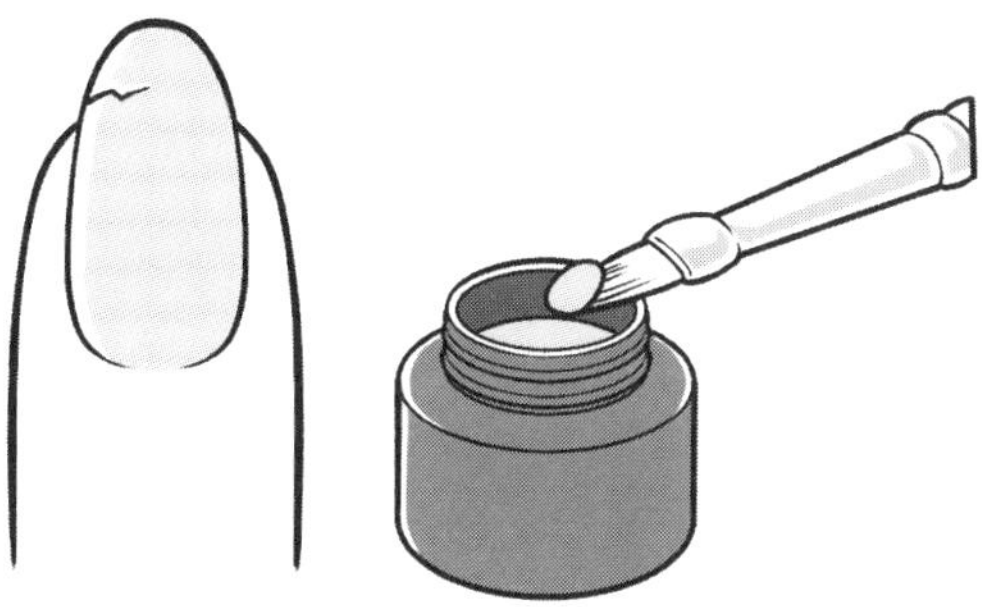

〈大きな亀裂の場合〉

補修を諦めて長さ出しチップを使う

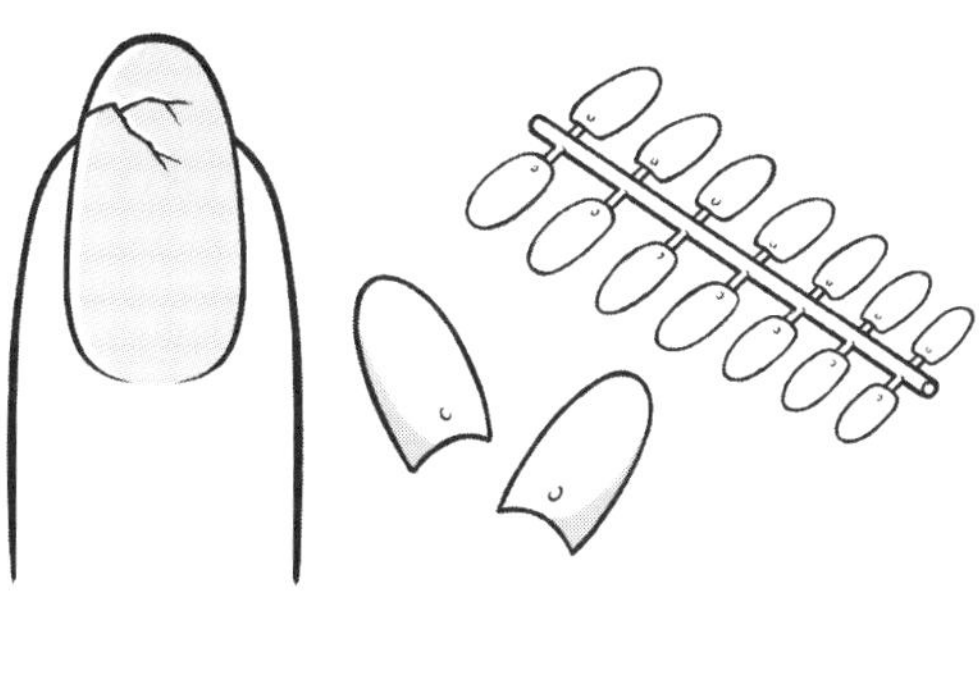

亀裂時の対処はこう考える

亀裂が入ってるなら補修しても
また同じ箇所が割れやすい
→お客様の不満につながる
✖ネイリストのリスクに！
→はじめから強度の高い長さだしを提案
→他のサロンでは提案がなかった
対処法でリピ率UP！

「亀裂＝補修する」という概念を破壊して
「亀裂＝補修or長さ出し」という選択肢を持つ！

亀裂補修より長さ出しに切り替えるメリット

［顧客メリット］
・次回来店時までに再度割れる心配が減る
・強度が上がるので安心して過ごせる
・他のサロンで叶わなかった不満を解消できる

［ネイリストメリット］
・施術後に亀裂が再度割れた場合の
信用リスクを避けられる
→お直し再来店になる場合の時間と価格が
見合わない非生産性を避けられる
→お直し連絡はメンタルに来るので
精神的リスクを避けられる

まとめると、ネイリストとして亀裂自体の対処法を身につけることは必要ですが、サロンワークで使うのはチップラップではなく私がお伝えした方法のほうが顧客満足度もあがってリピ率UPもしやすいので、**満席サロンを寄り道せずにいち早く叶えたいならチップラップ含め2級の内容は不要**です。

検定で学ぶのは
→チップラップ

実際のサロンワークは
→ファイバー入りジェル
or長さ出しチップ

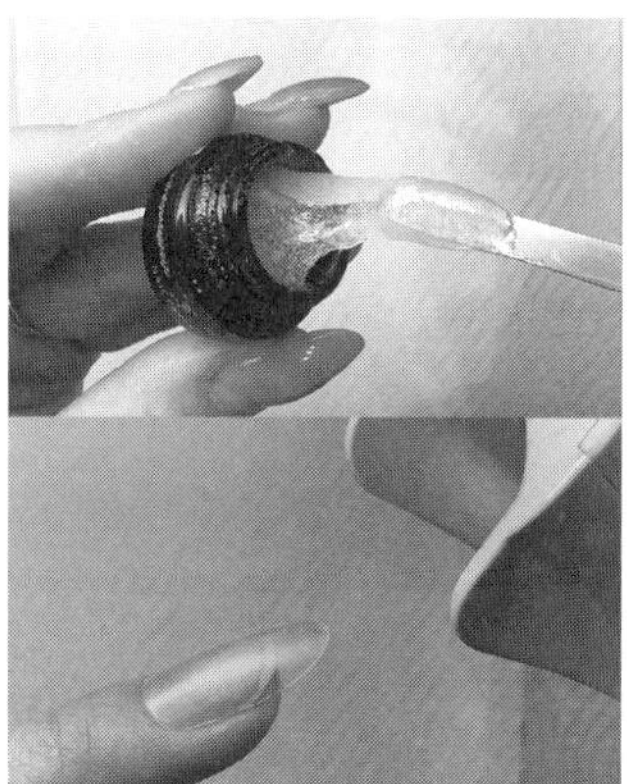

亀裂＝補修or長さ出し！
お客様のお爪の状態によって柔軟に判断しよう！

では、1級はどうでしょうか？　まずは内容とマークを見てみましょう。

ネイル検定1級で学べる内容

手指消毒

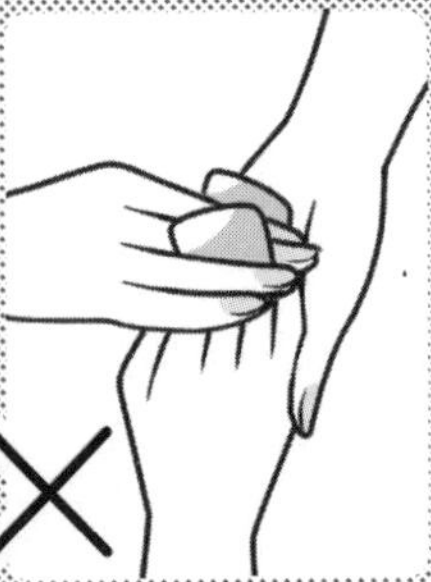

プレパレーション

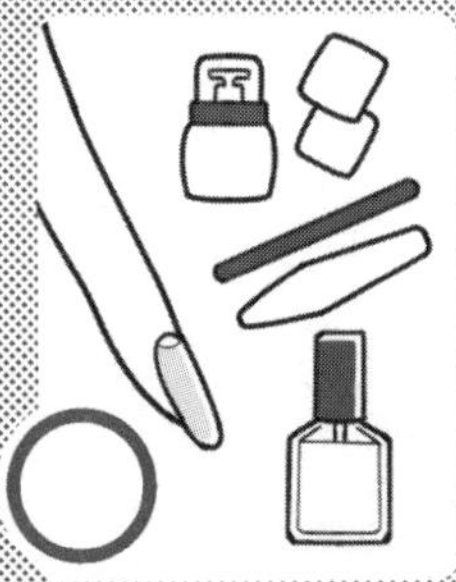

アクリルスカルプ
長さ出し

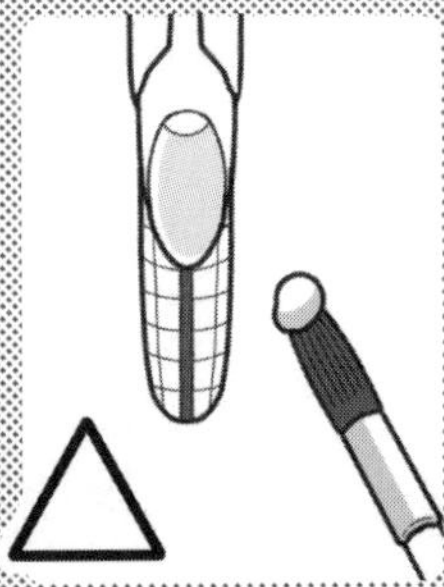

チップオーバーレイ
長さ出し

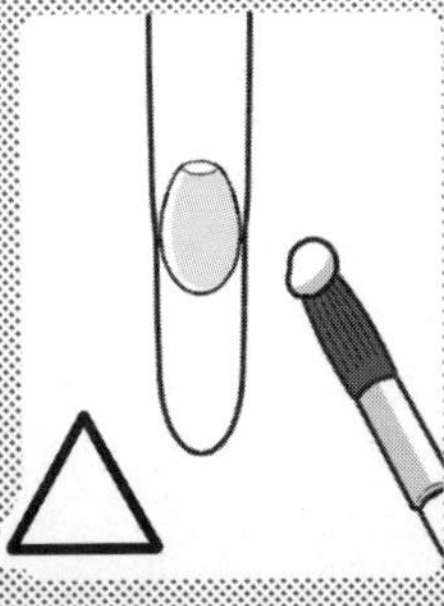

3Dパーツ作成
アート

ポリッシュ

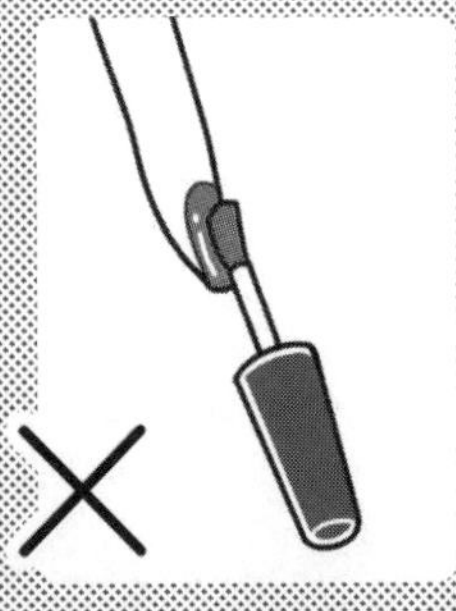

まさかの○ひとつだけ・・・!?

「おお……初めて○がある！」そうなんです、最後の1級でようやく○があります（笑）
3級と2級に比べて1級が違う点を簡単にいうと、

・長さ出しの技法
・ジェルでは無くアクリルネイルの技術

が、含まれています。手指消毒とポリッシュについては、これまでの私の見解通り不要になります。では、○と▲の項目について、「お客様に愛される満席サロンを寄り道せずにいち早く作るために必要なのか？」の観点から解説していきます。

○プレパレーション
プレパレーションはケア～サンディングでネイルを自爪に密着させるための工程です。サンディングはジェルネイルを長持ちさせるための下処理で地爪の表面を軽く削るのですが、私のメソッドだとお客様の爪へのダメージを考慮してサンディングはしません。

ただ、〝ネイリストとして〟という観点からは必須技術になるので○にしてます。

最近ではサンディングをしなくてもよいノンサンディングジェルなども出てきたり、マシーンを使った方がいいケースもあるので、検定で学ぶファイルを使ったサンディングと実際のサロンワークではやり方が違うことがとても増えました。結論、プレパレーションのサンディングはノンサンディングをメインにして、必要な時だけマシーンでの技法を身につけておいたほうがいいですね。

なぜなら、ファイルを使ったサンディングはお客様の爪の状態によって負荷のかけ方やファイルの目の荒さが変わりますし難易度が高いんです。だから正直、**技術に自信が無い人ほどお客様の爪へのリスクが上がって時間もかなりかかってしまうので、ファイルを使ったサンディングはやらないほうがいい**です。

そのことを踏まえた上で私のネイルスクールNCAでは、お客様のご希望を最短時間で叶えながらもネイリストの負担が少ないサロンワークとして、**サンディングを不要にする技術とアイテムを組み合わせて「最短・爪が傷まない・浮かない」やり方を教えています。**

【あゆみのサンディング理論】

▲ファイルでのサンディング
お客様の爪へのリスクや時間がかかる。
時短&顧客満足度を上げるサロンワークには不要。

●マシーンでのサンディング
マシーンの回転数やビッドの選定を理解すれば
お客様&自分が喜ぶ時短サロンワークが可能。
ノンサンディングが合わないお客様にオススメ。

◉ノンサンディング
お客様の爪を傷つけることなく最短の施術が実現。
お客様だけじゃなく自分のためにも一番オススメ。

▲アクリルスカルプ長さ出し

私は古株のネイリストなのでアクリル全開世代なんですが、最近はめちゃくちゃ便利な長さ出しのやり方がたくさんありますよね。私の経験上、**アクリルスカルプは難易度が高くて習得するまでに時間もかかるし道具もジェルとは違うので（筆も商材、溶剤も）、色々買い足さなくちゃいけない**んですね。なので、もしあなたがこれからサロンワークをするなら、アクリルスカルプは覚えなくてもいいかなと思います。

検定で学ぶのは
→ファイルで
サンディング

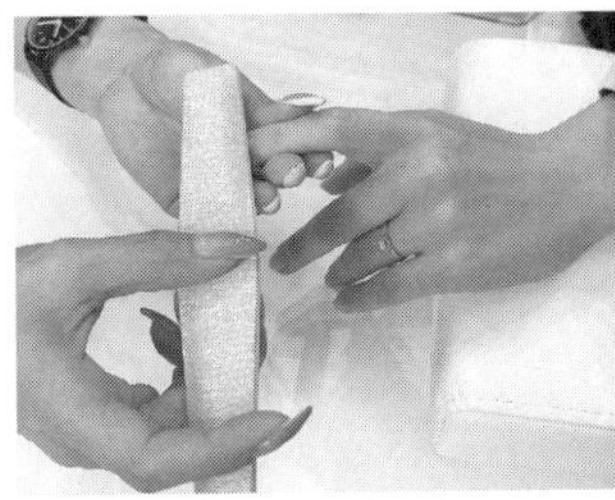

実際のサロンワークは
→ノンサンディング

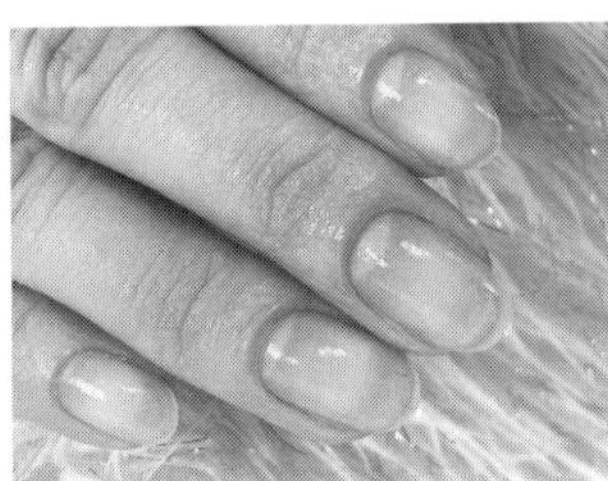

サンディングがどうしても必要なお客様は状況に応じてマシーンでサンディング！

ただ、アクリルがいらない！　って意味じゃなくて、他にも選択肢があるので必須ではないよという意味で三角にさせていただきました。

個人的にはアクリル大好きなんですが、最近のオススメはジェルチップ。ジェルはやっぱりネイリスト目線で使い勝手もいいですしお客様からの人気もあるので、時短だけじゃなく顧客満足度で考えてもジェルチップがオススメですね。

検定で学ぶのは
→アクリルスカルプ

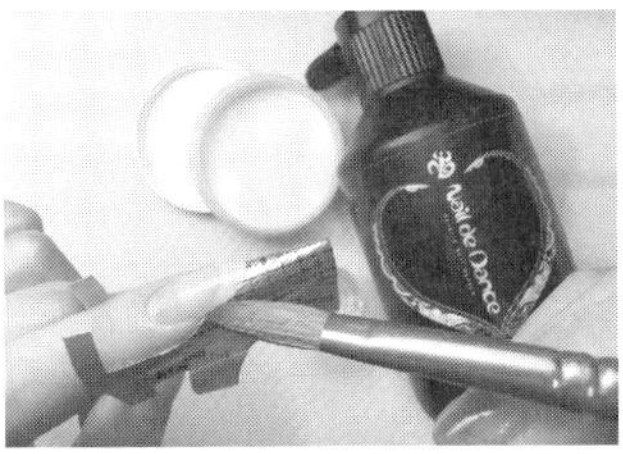

実際のサロンワークは
→ジェルチップが
オススメ

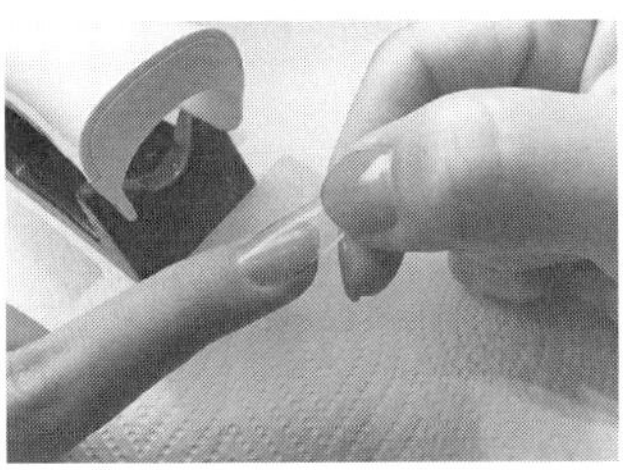

古株の私はアクリルも使用しますが習得の難易度を考慮してジェルチップをオススメします。

さて、今オススメしていた「ジェルチップを装着する時に役立つかな？」というのもあって、次の技術「チップオーバーレイ長さ出し」のジャッジに悩んだのですが……

▲チップオーバーレイ長さ出し

検定ではハーフチップをグルーで装着してアクリルで覆って長さを出すというやり方なのですが、実際のサロンワークだとフルチップをジェルで固定するやり方がネイル業界的には増えてきていますね。どちらも工程や使用商材の違いはありますが、チップサイズの見極めや装着する技術は検定の内容とサロンワークで通ずる部分があるなと思い、三角にさせていただきました。

長さ出しの技術ってお客様の希望に沿うためにも必須ですが、**あくまで長さを出すことにフォーカスするのであればアクリルにこだわらなくても出来ますし、最短で長さ出しを習得したいネイリストならフルチップ＋ジェルがやりやすくてオススメ**です。

✕3Dアート作成

これは先ほどのアクリルスカルプを使った技術で、限られたコンセプトのサロンじゃないと使うことはありません。もちろんキャラクターネイルとか盛り盛りデザインが好きな方は習得していいのですが、多くのサロンでは出来なくても全く問題ないので✖にさせていただきました。

3Dキャラクターを作るのに45分くらいかかったり別途料金をいただいても2000円ぐらいなので（サロンによりますが）、時間単価が悪すぎます。だったら、

検定で学ぶのは
→指定されたモチーフ

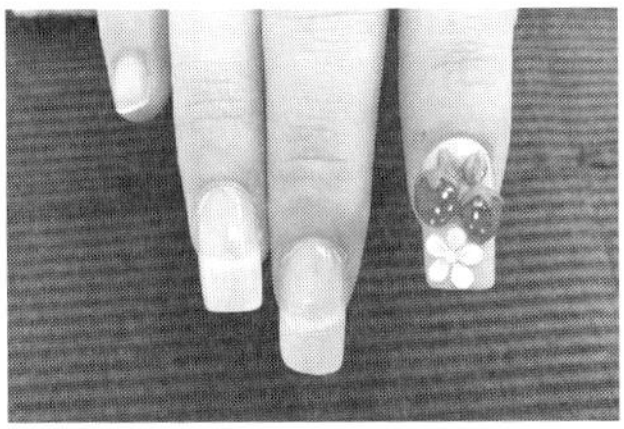

実際のサロンワークは
→限られたコンセプトのサロンだけ

コンセプト次第だが時間単価が悪いのでどうしてもやりたいこだわりがなければ覚えなくてOK！

ジェルネイル90分で7000円とか8000円をいただいたほうがいいよね？　というのが私の判断ですね。

さて、検定1級で学べる技術についてお話ししてきましたが、1級について私が思うことは、**「形式的かつ古典的な検定の内容よりも実践的なサロンワークに特化した技法が他にたくさんあるので、1級取得までにかかる時間や費用に対して見合う価値が感じられない」**という結論になります。

実際に私は1級まで持っていますが、サロンワーク技術の中には1級で学ぶ内容の技術はほとんどありませんでした。そう……これが現実なんですよね。**現場のサロンワークで学ぶ内容こそが、最も必要なノウハウなんです。**なので、私たちネイリストが、

・時代の変化
・お客様のニーズの変化

この変化に柔軟に対応できて、**無駄な時間とお金をかけることなく効率的にお客様**

に愛される満席サロンを叶える1番のコツは、継続的に満席サロンを経営している現役ネイリストに実際のサロンワークで活躍するやり方を教えてもらうことになります。

ここまで検定の内容について解説してきましたが、このあと「衝撃的なお知らせ」があります……

無駄な時間とお金をかけることなく、効率的にお客様に愛される満席サロンを叶えたいなら、検定の内容より実際のサロンワークで活躍するやり方を学ぶこと！

お客様は検定なんてどうでもいい……

そう、衝撃的なお知らせとは、お客様はネイリストが検定を持っているかどうかなんてどうでもいいということです。言い換えれば、検定を持つことにこだわっているのはネイリストだけなんですよね。そもそもネイリスト検定って国家資格ではないので、検定を持ってなくてもネイリストとして活躍することは出来ますから。

とはいえ、「いやいや、でも検定は持ってたほうがお客様も安心するからいいんじゃゃないの？」と思うかもしれませんよね。じゃあ、ちょっとお客様目線になってみましょうか。

たとえばエステサロンに行く時に、あなたが重視する点って何ですか？　どんな内容かもわからない「エステの資格持ってます！」みたいなアピールで心が響きますか？「痩身の資格を10個持ってます！」と書いてあったら、メニューや価格がわからなくてもエステに行きますか？　行かないですよね。

お客様目線になるとわかりますが、「このサロンに行きたい！」と思うタイミングって、

・「自分がこうなりたい！」という理想を叶えてくれそうなメニューを見た時

・「価格に対して満足な結果を得られそうだな」とイメージできるような事例やお客様の声を見た時

など、「サービスを体験した先でいち早く理想の結果が叶う」と思えた時に、実際にそのサロンの来店予約をしていませんか？　これって、資格の種類や数なんて関係ないですよね？

それだけじゃないですよ。実際にサロンに行ったあとにリピートするかどうかって、

・体験したサービスが期待値を超える結果をもたらして満足できたか？

・そのエステティシャンが自分を理解してくれて信頼感や好感度が得られたか？

という観点からリピートするかどうかを決めていますよね？　担当してくれたエステ

ティシャンの資格の種類や数、経験値とかではなかったはずです。

ネイルサロンの経営も同じです。それなのに、こんなに大事なポイントを検定では学べないわけです。実際のネイルサロン経営には絶対に必要な要素なのに、検定では1ミリも触れることなく終わります。だからです、だから検定を取得してネイリスト人生をスタートさせたほとんどのネイリストが、

「検定とったのにサロンワークが全然うまくいかないんだけど」
「お客様に言われることが全然できなくて施術するのが不安」
「検定があればある程度集客できると思ってた」
「お客様が次回予約をしてくれなくて他の仕事しないと生活できない」
「とにかくSNSでうまくいってる人のマネしてみよう」

というように、誰もが疑うことのない検定を取得した先の華やかなネイリスト人生の夢を、ことごとく潰されて苦しい現実を叩きつけられて迷走しているんです。これこそが……

ネイリストの教育文化の闇です。

ネイリストとして成功を目指すあなたが、お客様から愛される満席サロンを実現するために必要な知識が、検定を取得すれば手に入ると思っていたのなら……その概念を今この瞬間から破壊してください。

決して検定自体を否定しているわけではありませんが、これまで満席サロンを10年連続で実現してきている私が、現場で経験してきた真実を正直ベースでお伝えしてますので、批判や評論ではなく「事実」です。

もちろん一意見として聞いていただいて構いませんが、実はこれって私だけが思ってることではないんですね。実際に現場で活躍する現役ネイリストの皆さんからリアルな声をいただいてますので、ほんの一部ですが紹介します。

検定なくても本気で学ぼうと思えばネットでも基礎は学べる！のちに欲しくなった時に受けるのもありかな
返信
検定持っててもお客様が勝手に来てくれる訳では無いから
返信
取って感じたのは取ったら、サロンワークの即戦力に！！とは違うなぁ…と感じました。
返信
ジェル専門店で成功したいなら今の検定内容はいらない！ポリッシュもアクリルもつかわない
返信
国家資格ではないから。結局技術があればいらない。
返信
検定よりも色々な人の爪で施術する方が良いかなと 仕上がり、もち、時短！が求められます！
返信
検定あって下手な人より検定無くて上手な人にやってもらいたい！
返信
お客様と、検定のお話しになったとき~20~30代の方はあまり気にしないと言っておられました
返信
お客様は気にしてないんだな…と思うとき、検定なくてもいいのかも と思います
返信
検定取得者並みの技術と知識があればOKです！
返信
検定なくてもサロンワークできるから。
返信
結局はサロンワークは学べない
返信
3級までしか持ってないネイリスト8年目ですが、サロンワーク出来ればなくても困らないです！
返信
他の方法でも成功体験は得られるのでなんてじゃなくてもいい気もします
返信
検定受かったけど、お客さんにしてみたら下手くそだなあと思う時です
返信
ネイルサロンを探すときに検定の有無を気にしないから！
返信
検定内容はサロンワークで全然使えない技術ばっかり
返信
持っててもサロンワークでは関係ない。でも、資格保有の方がお客様は安心すると思います。
返信
なくてもいいと思います 色々考えさせる質問でした 皆の意見も楽しみにしてます♡
返信
サロンワークとのギャップがすごい
返信
ファイルは往復がけするし、チップラップなんて頼まれたことありません！基礎は絶対必要だけど→
返信
サロンワークにて今後使うか分からない技術が多かったです！
返信
あゆみさんのスクールみたいにサポートしてもらえる環境、モチベーション維持できるなら
返信
スカルプも好きじゃなければサロンワークで必要な長さ出しを学んだ方が良いと気づいた
返信
サロンワークに活かせることがほぼない！
返信
サロンワークをいきなり学べる場があるならいいかもです！
返信
3級は基本的なケアなど学べますが、2級のチップラップなど全然活用してない。
返信
サロンワークにはほんどいかされない。最短で取れる方法があるならとった方がいいけど、、
返信
実際にサロン勤務したら検定でやったことって となりました 検定よりも経験が大事だなと
返信
何も役に立ってない。ただ名前だけ。最低限学んでサロンワークで人数こなした方が早く上達する!!
返信
なくても活躍されている方はたくさんいるので必ず必要とかではないから本人次第だなぁと
返信
とにかくお金も時間もかかる！
返信

このように、「検定で学べる内容が実践的ではない」「サロンワークで実際に使うことがない」と、たくさんのネイリストが感じているようです。リアルな意見なのですごく重みがありますよね。これから検定取得を検討している方や、1級まで取ろうか悩んでいる方の判断材料として参考になれば嬉しいです。

それでは検定についてまとめていきましょう。

検定についてのまとめ

お客様に愛される満席サロンを効率的に叶えるために！

・ネイル商材を卸価格で購入できる権利
・基礎知識をつける目的

で、ネイル検定3級の取得はオススメですが、2級、1級はサロンワークでほとんど使わないので不要。
検定取得に時間とお金をかけるなら、いち早く満席サロンを継続している現役ネイリストの下でサロンワークを学ぶのがベストな選択！

検定以外の技術、アートはこれを見てから学べ！

最近って本当にたくさんのセミナーや講座があって、どれを受けたら良いのか悩んじゃいますよね。検定に続き様々な技術やアートを学ぶこともまた、ネイリストが満席サロンから遠ざかる迷宮入りポイントになります。

まず、私自身の経験や1000名以上のネイリストを指導してきて言えることは、「あなたが学ぼうとしている技術やアートは、本来のあなたの目的が達成できる学びでしょうか？」ということです。というのも、ネイリストって学ぶことが大好きな人が多いんですよね。勉強熱心ですごく良いことではあるのですが、何でもかんでも気になるものを学べば良いってわけではありません。

「学べば学ぶほど結果につながる！」と思ってるネイリストが多いですし（以前の私もそうだった）、目新しいセミナーを見つければ「周りに遅れを取らないように……」と、手当たり次第にお金と時間をかけて学んでいるネイリストがたくさんいます。

それなのに、集客が改善することもなければ売上が上がることもない。「え？　なんで？　やばい……」とさらに焦ってしまって、その焦りを埋めるために他のセミナーや講座を探してまた学んでいる……のように、負のループから抜け出せないネイリストってすっごく多いんですよ。

今、ぐさーっっ!!　って心に刺さった人、いるんじゃないでしょうか？　たとえば、どんなものがあるかを挙げていくと……

特殊アート系セミナー

流行り廃りのある一過性のアート技術、商材

（例）
バブルネイル
カメレオンネイル
フラッシュネイル
有名な先生の特殊アート

これらのアートが必要になるサロンもあると思いますが、アートセミナーって10000円くらいするじゃないですか？　仮にそのセミナーを受けたとして、

・その技術を使って何人のお客様に施術する見込みがあるか？

・どのくらいの利益が出る見込みなのか？

のように、新しい技術やアートを学ぶ時は必ず事前に定量的な数字の計算をしてから、〝利益につながる〟、もしくは〝応用すれば今後も活用できる〟とプラスの見込みがある場合のみ受講するようにしないと、無駄な時間やお金を浪費することになります。

目新しい技術、アート、商材に惑わされないように注意することと、そもそも新しいものをお客様が求めてるとは限らないですからね。

実際に私はアートセミナーはほぼ受けたことがありませんが、唯一受けたのは宝石ネイルが出た時くらいでした。独学ではどう考えても再現できなくて宝石ネイルの解説動画を購入してマスターしたのですが……結局、13年のネイル人生の中で数名のお

客様しかご希望されなかったので、見事に赤字で終わってます（笑）確かに可愛いし、お客様も喜んでくれるんですけどね。工程も複雑でめちゃくちゃ大変だし、だからと言ってその手間を価格に乗せるとお客様は渋るし、さすがに非効率すぎました。

もしかしたらあなたも、私と同じような体験をしたことがありませんか？ 私たちネイリストってどうしても可愛いものや美しいものを見るとつい目移りしちゃうんですが、

・その内容を取り入れたら、集客と売上UPが見込めるのか？
・その内容を取り入れたら、投資した以上のリターンを得られるのか？
・そもそも本当にお客様が求めている内容なのか？

などを、冷静に見極めるようにしましょう。大体の場合はいらないので（笑）

実際に私が今、10年連続満席サロンを経営していて今も現役でネイリストをしていますが、目新しい商材なんかなくても満席サロンは叶えられます。私のサロンはリピ

率100%で顧客様のほとんどが何年も通い続けてくださるのですが、毎月新しいジェルも買いませんし流行っている商材も買いません。それでも、すべてのお客様に毎月満足していただいて、ずーっとリピ率100%を継続しているんですね。

- **無くてもいい技術は学ばない！**
- **無くてもいい商材は買わない！**
- **満席サロンに必要なこと以外は学ばない！**
- **満席サロンに必要なことだけを学んで実践する！**

正直、これだけでいいんです。でも、「じゃあ誰からそれを教われればいいの？」となるので、もしあなたが最短で満席サロンを実現したい目標があるのなら、実際に満席サロンを継続しているネイリストや講師を選んで学ぶことが1番の最短距離になるはずです。

自己満になったらネイリスト人生は終わる

そもそもあなたは、何のために自宅サロンを開業したのか？　考えてみてください。

「おうちでネイルを仕事にして雇用されずに収入を得たい」とか「家事や育児をやりながらおうちで安定収入を得たい」とか、ほとんどの人がこのような理由で自宅サロンを開業してるんじゃないでしょうか？　もしそうなら、**単発のセミナーや講座を受けて断片的なパズルのピースを集めるんじゃなくて、最初から満席サロンを実現するためのピースがすべて揃っている環境で学ぶことが、最も効率的に理想を叶える方法**になります。だって、余計な時間もお金もかけたくないですもんね。

他にもよくある例として、自爪育成、巻き爪、深爪、などトラブルケアの技術については、それが好きで「お客様を何としても助けたい！」と熱い想いがあるなら取り入れてもいいですね。でも、そうじゃなくて集客に悩んでる状態で「新しいメニューを取り入れれば集客できるはず！」という考えだったらかなり危険な判断です。

実は自爪育成の例は近年でかなり増えた事例なんですね。「集客できないから自爪育成入れよう」と、数十万の投資をして取り入れた方が多いんですが……「あゆみさん、自爪育成を導入しても全然集客できてないんです……」のようなお悩み相談を、数えきれないほど受けてきました。

この原因は大体決まっていて、**「新たなメニューを導入すればお客様が来る」とネイリストが思い込んでる**ことです。でも実際の原因はそうではありません。**真の原因は、**

- **わかりやすい集客動線が出来ていない**
- **お客様が自分ごと化できる具体的な情報を載せてない**
- **掲載している写真や動画に専門性がなく魅力を感じない**

ということがほとんどなので、新たなメニューを取り入れたからってお客様が来てくれるわけではないんですよね。それに気づいてないネイリストがめっちゃ多いですし、実際に私が1000名以上のネイリストに教えてきた中でこの迷路に入って抜け出せない人が多すぎました。

「ネイリストが出口の見えない迷路で彷徨う地獄絵図をもう見たくない」と私は思っ

てます。

・お金も時間もかけて新しい技術を手に入れたのに集客できない
・新規来店があっても、リピートされないので永遠と新規集客に追われる日々
・予約が入らない不安に焦って、またセミナーや講座を学び続ける
・本質的な改善ができず、集客と売上に悩む日々から抜け出せない
・SNSで他のネイリストを見ては自信をなくし、また学ぼうとする負のループ

このように無限ループで苦しみ続けるネイリストを本当に何人も見てきたので、せめてこの本を手に取ってくださっているあなただけでも助けられればと、「検定や技術について本当に必要なことは何なのか?」を、10年連続満席サロンを実現してきた経験から事実ベースでお伝えさせてもらいました。

それでは、不要な検定や技術についてご理解いただいたところで、お客様から愛される満席サロンを効率よく最短で実現するために何をすればいいのか? を、次の章でお話ししていきます。

2

日本人だからこそ
やってしまう
「おもてなしの罠」

第1章の内容で、「検定や技術を増やしてもうまくいかない」ということがわかったと思います。では実際に何をすればいいのか？　という解決策に入る前に、実はまだまだ私たちネイリストが日本人だからこそやってしまうNG行動があるので先に知っておいてください。

なぜなら、**多くのネイリストが「これが正しい」と思い込んでやり続けている危険なポイント**で、特に自宅ネイリストのように1人で仕事をしている場合は周りからの客観的な意見をもらえないので、良かれと思ってずーっとNG行動を続けてしまいがちだからです。

やればやるほど理想のお客様を遠ざけて、リピ率100％の満席サロンが叶わなくなってしまう……でも、まさかそれがダメなんて思ってもいないようなこと……それは、「丁寧で親切な接客こそ正解である」「お客様は神様です」というイメージを持つ日本文化がもたらした、大きな間違いから起こるものなんです。具体的に2つの間違いを取り上げて掘り下げていきましょう。

「丁寧＝時間をかける」は間違い

「ネイルを丁寧に仕上げれば時間がかかっても満足してもらえる」あなたもこんなことを思っていませんか？　もしそうなら、この考えは大きな間違いですし、かなり危険です。まず大前提として、お客様の目線でお客様の気持ちを考えたことはありますか？

「叶えたいネイルが手に入るなら、どれだけ時間がかかってもいいわ」なんて思ってないですからね。

「理想の状態を短時間で仕上げてもらって、早く次の予定に行きたいの」という願望が、ほとんどのお客様の本音です。

実際に、あなたがお客様としてネイルサロンに行く時はどうでしょうか？　たとえばあなたがママなら、育児と家事の合間になんとか時間を作ってネイルをしに行くわけですよね。正直、一刻も早く可愛いネイルを仕上げてもらって帰りたくないですか？もちろんネイルで可愛くなりたい欲求はあるけど、「時間がかかりすぎて育児と家事に影響が出るかも」とわかった時の罪悪感って、私たちママってものすごく感じるじゃないですか？

このように、お客様の気持ちになって考えれば、**「丁寧＝時間をかける」というのはネイリスト側の間違った常識**でしかないんです。最新のデザインだから時間がかかっていいなんてないですし、浮かないように取れないように丁寧にやるから時間がかかっていいなんてこともありません。**「丁寧＝時間をかける」という考え方は、お客様が全く求めていない、むしろ「時間がかかる＝理想の実現が遅くなる」のように、リピ率を下げてしまう嫌われる要素**なんですね。

実際に、私のスクールNCAの受講生Hさんのお話をします。検定で学んだり憧れのネイリストのセミナーで学んだ手順を素直に実践していても時短ができず、ワンカラー2時間半枠、デザインありで3時間半枠でお客様予約を取っていたんです。

「丸1日頑張っても4人のお客様が限界」

「でもクオリティーは落としたくないし、丁寧にやらないとお客様が離れたら困る」

「ネイルは大好きだけど、やればやるほど疲れてこれ以上稼げないのがしんどい」
「大好きなネイルが嫌いになってしまう前に辞めようかな……」

という最悪な可能性まで感じてしまっていたHさん。そんな時に、私のNCAに参加してくれて時短メソッドを取り入れてもらった結果、

・ワンカラー2時間半枠→1時間半枠に！　↓↓↓60分時短に成功！
・デザイン3時間枠→2時間枠に！　↓↓↓60分時短に成功！
・ハンド＋フット4時間枠→2時間半枠に！　↓↓↓90分時短に成功！

「え？　時計壊れてる？」と思うくらい時短に成功して、しかも全く質を落とさず早く出来るようになったんです！　しかもここからトントン拍子に嬉しい変化が増えてきました。

・1日の予約枠を1人増やして「売上UP」
・同じ時間でも対応できる人数が増えたので「時間単価UP」

・やり方に慣れてさらに予約枠を1人増やして「売上UP」

と順調に進み、「お客さん増えたなぁ」「これ以上予約取れないなぁ」という嬉しい悲鳴が上がってきた時、次の施策として思い切って打ち出したのが値上げでした。「もしかしたら離客するかな……」と思っていましたが、なんと離客ゼロ！　お客様に値上げをお伝えしてもネガティブな反応は一切なくて、

「そうなんだ〜、でも早いしありがたいよ！」
「すごい早くなったよね！」

など、逆に喜んでいただけるお客様ばかりで、Hさんはとても嬉しかったそうです。
でも、そりゃそうですよね。

・色々と学んでも時短できずに悩んでいた
・ネイルは大好きだけど、やればやるほど疲れてしんどかった
・ネイルが嫌いになる前に辞めようかな……

という深刻な状態だったのに、私のメソッドを取り入れただけで、

・クオリティーを一切落とさずに
・60分、90分も時短に成功して
・ハンド＋フットでも2時間半
・予約枠を最大6人まで増やして
・時間単価UP
・1日の売上UP
・メニューの値上げに成功し
・離客ゼロで満席サロンになり
・1ヶ月14万～16万の売上UPに成功
・お休みを増やして大好きな旅行が実現
・趣味や他のことに使える時間ができた

というように、「ネイリスト人生が大きく変わった」としか言いようがないくらい、大

きな成長と成果を手に入れてくださいました。

よく時短の話をすると「早い＝雑」みたいなイメージを持たれますけど、それはただ時短する雑なやり方しか知らないだけなんです。私のメソッドは時短＋クオリティーが高く仕上がるので、お客様に喜ばれること以外はありません。それどころか、私たちネイリストの体が楽になるメソッドなので、疲れずに高いパフォーマンスを維持できるメリットまであります。

まだまだ、それだけじゃないんです。時短によってお客様も長時間ネイルの仕上がりを待つことがなくなるので、「え!? もう終わった??」とか「あっという間に可愛くなって嬉しい！」という感じでお客様が飽きてしまう前に施術が終わるので、自分も楽だわお客様は喜ぶわでとにかく自信がついてネイリスト人生が楽しくて仕方なくなるんですよね。

想像してみてください。Hさんはハンドとフット4時間の予約を取ってたのに、2時間半で終わるようになったんです。お客様は大喜びだし、自分だってどれだけ体が楽になることか、ネイリストのあなたならきっとわかりますよね。しかも、かなり時短しているのに値上げしてもお客様は喜んでお金を払ってくださるわけです。実力のあるネイリストとしてお客様に認めていただいてることに、とっても満たされることでしょう。

さて……ここまでご紹介してきたＨさんですが、実際の対談動画もご用意してますのでぜひご覧ください。こちらのＱＲコードからご覧いただけます。

いかがでしたか？　Ｈさんの実際の声を聞いていただくことで、心の中のワクワクや嬉しさが伝わってきたのではないでしょうか？　まだ動画を見れてない方も、Ｈさんの変化についてＮＣＡに参加する前後の状態をイラストにまとめたので、ぜひあなたの状態に重ねながらご覧ください。

時短メソッドを取り入れたHさんの事例

Before

・沢山学んでいても時短できない
・ワンカラー2時間半枠
・デザイン3時間半枠
・ハンド＋フット4時間枠
・ネイルは大好き、
　でもやればやるほど疲れてしんどい
・ネイルが嫌いになる前に
　辞めようかと考え始めてた

After

・クオリティーを一切落とさずに
・ワンカラー1時間半枠
・デザイン2時間半枠
・ハンド＋フット2時間半
・60分、90分も時短に成功して
・予約枠を最大6人まで増やして
・時間単価UP
・１日の売上UP
・メニューの値上げに成功し
・離客ゼロで満席サロンになり
・1ヶ月14万～16万の売上UPに成功
・お休みを増やして大好きな旅行が実現
・趣味や他のことに使える時間ができた
・お客様は時短に大喜びで
　成長したHさんのファンに

Ｈさんのお話は、「丁寧＝時間をかける」という〝間違った常識〟を捨て、お客様が喜ぶ10年連続満席サロンのメソッドを使っただけで、ネイリスト人生を変えるほどの結果を手に入れることができた実際のお話です。

もしＨさんが、「丁寧＝時間をかける」という概念から抜け出せなかったとしたら、お客様も長時間の施術に疲れて他のサロンを探していたかもしれないし、何よりどれだけ頑張っても収入が上がらない限界を感じながら生きるネイリスト人生に、Ｈさん自身が終止符を打っていたかもしれませんよね。

お客様にとっての成功を第一に考えるのなら、「丁寧で親切な接客こそ正解である」「お客様は神様です」という日本文化に惑わされることなく、「お客様の理想の状態を短時間で叶えてあげる」というお客様目線での欲求を叶えてあげることに全力を尽くしましょう。

「嫌われたくないから言わない」は間違い

日本人だからこそやってしまう〝おもてなしの罠〟の2つ目は、「嫌われたくないから言わない」は間違い、です。せっかくご来店いただいたお客様だから、「また来店してもらわなきゃ……」って思うのが当たり前かもしれませんが、もしかしたらあなたもこんな経験がありませんか？

・無断キャンセルされても許してしまい、流れのままに次の予約を取ってしまう……
・いつも遅刻してきて正直迷惑なのに強く言えない……
・お子様連れだと途切れ途切れになってスケジュールが狂うから本当は断りたい……

などなど、本当はズバッと言いたいことがあるのに何て伝えたらいいのかわからなくて、結局「でも、次回来てもらったら売上になるし……」って、お客様にとって都合のいいように予約をとってしまう。でも冷静になって後から考えると、ハッキリ言えない自分にモヤモヤしちゃう……なんてこと、結構あるあるじゃないでしょうか？ 遠慮しがちな日本人のよくある話です。

ちょっと厳しいことをお伝えしますが、**あなたがストレスのない満席サロンを作りたいのなら、今すぐこれらの対応はやめた方がいい**です。もしあなたが**「お客様のほうがあなたより立場が上」と思っているなら、これはもう完全に危険信号**ですね。この考え方でお客様を集めてしまうと、せっかく自分のやりたいことを叶えるためにサロンを開業したのに、いつの間にかストレスだらけの毎日で逆にしんどくなってしまいます。

では、先ほどのような状況になった時にはどう対応したらいいのでしょうか？　それは、**大切なお客様だからこそ「愛」を持って接することがポイント**になります。〝何でも言いなりになってくれるネイリスト〟になるのではなく、お客様に満足いく結果を提供するために「愛」を持って自分の想いを伝えることです。

「愛」を持って自分の想いをお客様のために伝えられるようになれば、お客様から絶大な信頼をいただける唯一無二のネイリストになって、リピ率100%の優良顧客が安定的に増えていきます。では、「愛」を持って自分の想いをお客様のために伝えるというのは、一体どういうことなのでしょうか？

たとえば私の場合、こんなお客様の事例があります。

当日キャンセルが続いていたお客様の事例

３回ほど私が我慢して
予約変更で対応していた……
↓
ある日、お客様が無断キャンセル……
↓
数週間後にお客様から
「この前はすみませんでしたーいつ空いてますか？」
とメッセージがくる……
↓
このお客様と共通の知り合いが多くいたので
私やサロンの評判を落としたくない……
↓
でも、もうこのお客様に振り回されたくない!!
↓
お断りの文章を送る（次ページ）

〜〜送った文章〜〜

○○さんごめんなさい。

当日の無断キャンセルを今まで何度かされていて、
お仕事なのは承知の上なのですが、
他のお客様のご予約をお断りして
予約枠を確保している場合もございます。

これから夏に向けてフットの需要も高まり
今まで以上にご予約をお取りするのが
困難になる事が予想されますので

本当に本当に申し訳ないのですが
キャンセルをいただいても
他のお客様にご迷惑をおかけしない
ご予約枠の余裕が出るまで
今後のご案内が難しいです。

○○さんもお忙しい中
いつもご来店してくださり
本当に感謝でいっぱいなのですが

経営が成り立たなくなると
サロンを閉じないといけませんので
ご理解のほどよろしくお願いいたします。

何度もご予約のお取り直しのご連絡をくださり
ありがとうございました。

これからもお仕事頑張ってください。

※実際は絵文字を使用しています。

このように、お客様にお伝えした内容で意識したことは、

・あくまで予約したいと思ってくれている事に感謝を伝える
・その上で顧客様への愛があるからこそ、ご予約が取れないと伝える

という部分でした。結果として、お断りしたお客様とお知り合いのお客様に「○○さん予約取れなくなったんだね。笑」と冗談まじりにお話をいただきましたが、このタイミングこそが「愛」を持って接する大きなチャンスでもあります。その時、私はお知り合いのお客様に、

「十分な予約枠確保が出来ない私のせいなんです」
「でも私は、時間を守って来て下さる、あなたのようなお客様を大切にしたいんです」

と伝えることで、お断りしたお客様との関係性も平和に解決できましたし、お知り合いのお客様との関係性をより深くすることが出来ました。

正直、状況としてどちらが悪いかと言えばお断りしたお客様なのはあなたもわかると思いますが、**「愛」を持った断り方さえ出来るようになれば、風評被害が起きにくい**ベストな対応が出来ます。

そして何より、**ハッキリとお断りしたことで確保できた予約枠に、自分と相性のいい素敵なお客様のご予約が取れるようになる**ので、毎日ストレスフリーな満席サロンを叶えることが出来るんですね。

こういった事例は私だけではありません。私が教えている方法は他にもあり、NCAの受講生さんも「嫌われたくないから言わない」という状況から抜け出せた事例がありますのでいくつか簡潔にご紹介します。

いかがですか？　このように、**「お客様に嫌われたくないから言わない」のではなく、**

〔CASE. 1〕

Before：理想的なお客様だけど
遅刻やドタキャンをされる方がちらほら…

Action：「うちに来てくださるお客様が素敵で、無断で来ないとか当日キャンセルする方もいなくて、私は本当に恵まれてるんです」と話すだけで

After：無断キャンセルや当日キャンセルをしないお客様だけリピーターに！

〔CASE. 2〕

Before：予約変更やキャンセルをするお客様に

Action：ネイルや接客のこだわりを伝えるようにしたら

After：キャンセルが減り、来店後に感謝のメッセージが来るようになり、「変わったね！」と嬉しい声をいただけるようになった！

【CASE. 3】
Before：お子様連れで、途切れ途切れになって時間がかかりすぎてしまうお客様に

Action：「お子様にとって劇薬になるようなものがたくさんあって、何かあってはいけないから」とお子様への気遣いをベースにお声がけしたら

After：次のご来店から一度もお子様をお連れにならないようになった！

【CASE. 4】
Before：携帯を触りたがるお客様に

Action：お客様へのカウンセリングを細やかに深堀りして時短サロンワークをすると

After：沈黙やヒマ自体がなくなって、注意せずとも携帯を触らなくなった！

お客様が求める理想の未来をより早く確実に叶えてあげるためにも、「愛」を持ってハッキリとお伝えする。その結果、普通のお客様ではなく理想のお客様に成長してくださるんですね。

もちろん、100人中100人がこの結果になるわけではありませんが、私たちのような自宅ネイリストって自分がやりたいことを実現するためにサロンを開業してるじゃないですか。その中の1つに「ストレスのない働き方を実現したい」という理想がきっとあるはずです。

「自分が大好きなお客様だけで満席にして収入をあげたい！」
「満席でも毎日が楽しくて、疲れよりも充実感を感じたい！」

このような理想の働き方を実現したいはずなのに、ストレスになるお客様がご来店されてモヤモヤと悩んでしまう働き方なんて絶対に嫌ですよね。とはいえ、自分本位のエゴを突き通しましょうという話ではなくて、ネイルのプロとして、お客様が求める理想の未来をより早く確実に叶えてあげるために「必要なことは愛を持ってちゃんと伝えること」が、双方にとってのWin-Winになる方法だということです。

ここまで実例を交えたお話をしてきましたが、「嫌われたくないから言わない」というのは私たちネイリストが理想の満席サロンを実現するために、絶対にやってはいけない危険信号だということがご理解いただけたと思います。もし今のあなたがこの内容に当てはまってたのなら、今すぐに先ほどの成功事例を参考にして実践してみてください。ネイルのプロとして「愛」を持ってお客様に接することこそが、理想のお客様だけが訪れる満席サロンを叶えるためのポイントです。

さて、序章～第2章までの内容では、お客様に愛される満席サロンをいち早く効率的に作るために、

・ネイリストの教育文化の闇
・日本人だからこそやってしまう「おもてなしの罠」

について事実ベースで解説しながら、その解決策をお話しさせてもらいました。

・不要なこと
・やってはいけないこと

が明確になってきたところで、次の章ではついにどんなＳＴＥＰでリピ率１００％の満席サロンを実現していくのか？　について触れていきます。

リピ率100%満席サロンを実現するための3つのSTEP

まず最初にお伝えしておきたいのは、私が開発した**「時短特化型リピ率100%満席サロンメソッド」**は、ただ満席サロンにして忙しく働きまくろう！　って話ではありません。時短特化型の満席サロンを実現するメソッドなので、**1日5時間で3件は当たり前**にできるし、それだけでも**安定した収入になって家族との時間もたくさん作れる**ようになるんです。

「ただのお金持ちになろう！」という話ではなく「心もお金も時間も余裕を持てるネイリスト」をたくさん増やしていくことを私の使命として、このメソッドを全国のネイリストに継承しています。広島県のど田舎にある自宅サロンで、社会人経験の少ないＨＳＰの私にもできたことですし、たくさんの受講生が成果を上げてくれていますので、あなたもこのメソッドを取り入れて実践していただければ、着実に成果を上げられるはずです。

今からお話しする3つのＳＴＥＰは、私が過去13年間のネイリスト人生で〝失敗してきた方法〟や〝余計な工程〟を全部取り除いて、うまくいった方法だけをまとめたステップになります。あなたも自分のサロンを経営する上で「出来ることなら失敗をしたくない」と思うのが普通だと思いますが、私のネイリスト人生の中で実際に体験してきた失敗をすべて取り除いていますので、この3つのSTEPに沿って進めれば低リスクで満席サロンを実現できることでしょう。

STEP1 新規集客動線を整える

まず1つ目は、「新規集客動線を整える」です。たとえばSNSで、Instagramを使ったりホットペッパーのような集客媒体を使う場合、自分の発信やページを見ていただいたお客様に「このサロンに行きたい！」と思ってもらわなければ、発信や掲載をしててもご来店いただけないですし意味がないですよね。

Instagramで言えば、ほとんどのネイリストがデザインを投稿し続けていますが、それだけで新規集客ができるなら全国のネイリストが集客に困らないわけです。オシャレで可愛いデザインをどれだけ投稿していても、プロフィール内容が他のサロンと同じようなことを書いていたり、予約を取るための動線がわかりやすく出来ていなければお客様はご来店されません。お客様が「このサロンに行ってみたい！」と興味を持ってくれるプロフィールや、迷うことなくスムーズに予約できる集客動線を先に構築しておきましょう。

ちなみに、こんなプロフィールは新規集客が上手くいかない典型的なパターンなので注意しましょう。

プロフィールのNG例

・あなた史上最高のお爪へ
NG解説：誰でも言える、抽象度が高くて専門性が伝わらない

・丁寧なカウンセリング
NG解説：当たり前すぎて選ぶ理由にならない

・丁寧な施術
NG解説：当たり前すぎて選ぶ理由にならない

・ネイル検定1級ジェル検定上級
NG解説：だから何なのか？ がわからない

・〜〜導入サロン
NG解説：だから何なのか？ がわからない

・あなたのお爪に合わせた〜〜
NG解説：当たり前すぎて選ぶ理由にならない

・美フォルムネイル
NG解説：当たり前すぎて選ぶ理由にならない

もしかして、あなたのプロフィールにこの言葉があったりしませんでしたか？　ちょっと冷静に考えてみましょう。あなたがお客様の立場でこれらのNG例を見たらどう思いますか？　Instagramでネイルサロンのアカウントが星の数ほどある中で、心が動くポイントがありましたか？　このサロンは絶対行ってみたいって思う要素がありましたか？　きっとないはずです。

どの言葉を見ても心に響くわけでもなく、「そんなの出来て当たり前」「だから何？」とサラッと読んで終わってしまう言葉ばかりですよね。なので、このような言葉ばかりをプロフィールに並べていても何の魅力も感じないですし、このサロンを選ぶ理由が見当たらないんです。でもこれらの言葉って実はネイリスト目線で伝えてしまいがちな言葉になるので、実際にInstagramで使っている人はかなり多い印象です。

それだけじゃありません。**ホットペッパーなどの集客媒体は、担当に言われるがまま出稿するのはオススメできません。**なぜなら、媒体の担当者は私たち一つ一つのサロンの特徴を深く理解してるわけではなく、あくまで「一般的なネイルサロンがどう掲載すればいいか？」という観点からアドバイスをしてきます。そのため、ターゲットとなるお客様にとってどんな表現が魅力的で来店したくなるのか？　ということまでは、的確なアドバイスが出来ないことがほとんどです。

とはいえ、自分で考えた内容で出稿する場合も注意が必要になります。出稿する私たちネイリスト側の考え方と、お客様が求める考え方が一致しないからです。簡単に

😭Before
【駅前すぐ】オフィス系やニュアンスデザインが得意☆お爪の傷みは最小限、圧倒的にモチのいい施術が好評♪

↓

😊After
【駅前】オフィス＆ニュアンス専門・削らず浮かない思いのままデザインで４週間KEEP♡満席まであと〇名

言えば、**私たちが伝えたいことを書くのではなくお客様が知りたいことや求めている ことを書く**というのが大前提の考え方なので、この考え方で出稿内容を考えないと理想のお客様にご来店いただくのは困難です。では実際に、集客媒体に掲載するタイトルの例をビフォーアフターで見比べてみてください。

BeforeとAfterを比較して、どちらのほうがお客様目線で興味をそそるタイトルになっていますか？ Beforeはよくあるタイトルで他のサロンでも同じようなことを言ってるので、このサロンを選ぶべき理由は特に見当たらないはずです。だいたい、ホットペッパーなどの集客媒体の担当にお任せすると、このような定番タイトルがオススメされます。ちょっとBeforeのタイトルを分析してみると……

・「得意」という言葉はあくまでネイリスト目線なので、どうなれるか？ の結果が伝わらない
・「爪の傷みが最小限」と書かれると「傷めるのやだな……」とネガティブイメージを与える
・「圧倒的にモチがいい」のはそもそもプロとして当たり前の価値提供

・「圧倒的」とか「好評」というのは口コミでしか信ぴょう性は証明できないなど、お客様目線で見たらベネフィットが明確にイメージできないですし信ぴょう性に欠けるので、「他店と比べて価格が明らかに安いなら一回行ってみようかな？」くらいでしか選ばれません。**安さで選ばれる状況をつくる＝安いサロンを乗り換え続けるリピートされにくいお客様がご来店される**ので、あなたがもし自宅ネイリストなら自爆行為とも言えます。絶対にこのような訴求はやめましょう。では、それに比べてAfterのタイトルはいかがでしょうか？

・何でも屋ではなく、デザインの専門性を感じて信頼できそう
・「削らない」「浮かない」「思いのまま」「4週間KEEP」というベネフィットが直感的にわかり、高い技術力と言わなくても質が高いことをイメージできる
・「満席まで◯名」という具体的なカウントダウンで人気感と緊急性を感じて「一度行ってみたい！」と予約したくなる（高い技術力のイメージとの親和性も無意識に感じる）

など、**お客様目線で考えたときに、言葉からイメージできる理想の状態となるプラス要素がたくさんありますよね。**先ほども言いましたが、私たちが伝えたいことを書くのではなくお客様が知りたいことや求めていることを書かないと、数えきれないほどあるネイルサロンの中からあなたが選ばれることもなければ、わざわざ足を運ぶ理由がないということです。

ちなみに、Ｂｅｆｏｒｅの【駅前すぐ】とＡｆｔｅｒの【駅前】は同じイメージを伝える言葉なので、文字制限が50文字となるタイトル訴求を最大化するためにも、少しでも無駄な言葉は消して他の訴求をしたほうがお客様に魅力が伝わりやすいのでオススメです。

では、実際に私のネイルスクールＮＣＡの受講生で新規集客動線を整えたことでみるみる成果が上がった例をご紹介します。新規集客動線だけではなく、時短メソッド、リピ率１００％メソッドも取り入れたＳさんの事例です。

NCA受講生Sさんの事例

- 自宅サロン開業したばかり
- そもそも何をしたらいいかわからない
- 誰に聞いたらいいかわからず、聞ける人もいなかった

Before
- Instagram集客ゼロ
- お客様が来なくて悩んでいた
- 持ち込み3時間は当たり前
- 気持ちが上がらなくて家族に当たり散らす日々

After
- Instagram集客15件！
- 15件全員リピ率100%！
- 持ち込み2時間半に！
- 定額導入で2時間に！

↓

- マインドの変化で家族に当たらなくなった！
- いつでも復習と質問ができるNCAの環境に安心！

これまで思うようにいかなかったSさんが、ネイリスト人生が変わるほどの変化を遂げていますよね。しかも、このような変化を遂げている生徒さんはSさんだけではありません。もう1人、新規集客動線を整えたことで一気に集客人数が増えたYさんの事例をご覧ください。

NCA受講生Yさんの事例

・サロン歴２年
・ネイル検定３級のみ
・他のスクールや講座など学んだことがなかった
・メンタルの浮き沈みが激しくて
　足が止まることがあった

Before
・ホットペッパー集客は月３名ほど
・月の施術数50件
・月売上30万円ほど
・平均単価6,265円
・アート10本２時間半

After
・ホットペッパー集客は毎月10名以上に！
・月の施術数91件！（営業時間も増やした）
・月売上50万円超え！（160%UP！）
・平均単価6,733円！（468円UP！）
・アート10本１時間10分に時短！
↓
・時短で心も体も楽に！
・無限に質問できて学べるNCAの環境で成長！
・NCAの意識が高いメンバーが
　いつでも話を聞いてくれるので
　メンタルの浮き沈みがあっても
　支えてくれる仲間がいて安心！

Yさんのビフォーアフターを箇条書きで見ていただきましたが、月間の対応数が一気に約2倍くらいに上がって売上も160%UPと驚異的な変化を遂げてくれました。

「一体、何をしたの!?」と改善した内容が気になるのではないでしょうか？　当時、Yさんからご相談を受けてアドバイスや改善したことは左図の内容です。当時の状況をほぼそのまま記載しますね。

Yさんに具体的にアドバイスをして改善した内容

- インスタの予約動線修正
  →予約動線がホットペッパーに繋がってなかったので改善
- ネイリストしかわからないような「ブランド名取扱」と記載していた
  →お客様目線で表現の改善
- ホワイトニングとネイルでコンセプトがごちゃごちゃしていて結局、何が出来るサロンなのかわからなかった
  →セルフホワイトニングを無くして予約が1番入るネイルをメインに改善
- 印象が良くなさそうな写真を掲載（セルフホワイトニングの口と歯のドアップ写真など）
  →削除

（↖）

・「人気の◯◯ジェル！」と書いて写真を載せているのに、写真からそのジェルの良さが全く伝わらない
→掲載写真の改善

・写真のサイズが媒体推奨サイズではなかった
→媒体推奨サイズに改善

・内装写真ゼロでお客さまが不安を感じる
→内装写真を掲載

・掲載枚数が限られているので伝える情報量が限られる
→写真をコラージュして情報量を増やす改善

・プロフィール写真が不適切（インスタのQRコードを載せていた）
→ネイリストの顔写真へ変更

・フォトギャラリーが歯の写真だらけで魅力ゼロ
→来店イメージが湧く写真、メニュー毎の写真掲載に改善

こう見ると結構、改善ポイントがありますね。でもこれ、自分だと気づけないんです。私が10年満席サロンを経営してきてる経験値もそうですが、お客様目線で見たときに必要な情報が何なのか？　逆にいらない情報は何なのか？　を見極めないと、お金をかけて媒体に掲載したところで全く集客なんて出来ません。でも今回のように、新規集客動線をしっかり整えるだけで一気に好転するネイリストはたくさんいますので、そのやり方を知れる環境にいるかどうか？　が鍵になります。

特にYさんは、ネイル検定は3級のみですしサロン経験は2年なので決してベテランとは言えない経験値でした。普通、この状態だとほどんどのネイリストが自信をつけるために他のスクールや講座であれこれ技術を身につけようとしますが、今回の事例でわかるように私がアドバイスしたのは新規集客動線と時短の方法だけです。「余計な技術は断捨離する」という私の考え方が証明できていますよね。

そんな劇的な変化を遂げてくれたYさんと私で対談インタビューを撮りましたので、具体的な変化やプロセスと喜びの声を、ぜひ動画で確かめてみてください。

こちらのＱＲコードからご覧いただけます。

さて、いかがでしたか？　新規集客動線を整えることは満席サロンを叶えるためにとても重要な最初のステップです。さらに新規集客動線だけではなく時短やリピ率を上げる私のメソッドを使えば、ＳさんとＹさんのように素晴らしい成長と変化を遂げることが出来るようになります。「どうしていいかわからない」と悩み苦しんでいたお２人のこれからのご活躍がとても楽しみですね。

それではＳＴＥＰ１の最後に、あなたも実際に新規集客動線を見直してみましょう。すぐに実践できるようにチェックリストをプレゼントしますので、Instagramや集客媒体を実際に開きながらチェックしてみてくださいね。

新規集客動線チェックリスト

［大前提］
Instagramも集客媒体もお客様目線で考えましょう。
ネイリスト目線で言葉を作ると
お客様が魅力を感じてくれません。

☑ 他のネイリストでも言えるような
言葉を使ってないか？
☑ 他店が使ってる言葉を使ってないか？
☑ 既視感のある言葉を使ってないか？
☑ 専門性が伝わらないふわっとした内容になってないか？
☑ プロとして当たり前のことを言ってないか？
☑ お客様がわからない専門用語を使ってないか？
☑ 資格や検定や商材をただ書いてるだけになってないか？
☑ お客様が叶えられる未来がすぐにわかるか？
☑ お客様が見たいものがすぐに見つけられるか？
（メニュー・アクセス・予約方法など）
☑ 他店と変わらないような写真を掲載してないか？

このチェックリストを使って新規集客動線を整えていただければ、新規のお客様は順調にご来店されるようになるはずです。ここに書いていない細かいこともNCAの生徒さんには教えていますが、このチェックリストの内容は最低限クリアしてないと満席サロンを叶えることは難しいです。まずは満席サロンになるための第一ステップとして実践してみてください。では、次のステップに進みましょう。

STEP2 時短サロンワーク&リピート施策の実践

1つ目のステップで新規集客動線を整えたとしても、せっかく新規でご来店いただいたお客様にリピートしてもらえなかったら、いつまで経っても満席サロンにならず新規集客をし続けなければいけませんよね。そこで実践すべき2つ目のステップが「時短サロンワーク&リピート施策の実践」です。

具体的にやることは、

・時短施術
・時短サロンワーク
・リピ率ＵＰ施策

の３つですが、私が教えているノウハウはネットやＳＮＳで検索しても簡単に手に入れることが出来ません。情報が溢れすぎてノウハウに価値がないと言われている現代で、なぜ手に入らないのか？　その理由は、10年連続でお客様に愛される満席サロンを経営してきた私が実践ベースで開発してきたノウハウだからです。そして、私が教えているノウハウは「ただこれをやればいい」という考え方ではなく、

・どんなときに、何をすれば、時短できるのか?
・どんなときに、何をすれば、リピ率が上がるのか?

のように、実践すべき状況やタイミングまで具体的に決まっていることが多いです。

まずは、時短施術と時短サロンワークについてお話ししていきます。

●時短施術と時短サロンワーク

時短施術と時短サロンワークは、ここまで読んでいただいた序章、第1章、第2章でお伝えしてきた、

・「技術があれば成功する」は間違い
・「丁寧＝時間をかける」は間違い
・「嫌われたくないから言わない」は間違い

この3つをすべて実践していきます。もちろん、ネイリスト一人一人の状況によって何から実践すべきかは変わりますので、本来ならあなたも状況に合わせたアドバイスをしたいところですが……。この場では難しいのでもう一度ここまでの内容を振り返っていただいて、出来そうなことから実践してみてください。すでにお伝えしてい る内容になりますので、ここではそれぞれの項目で注意すべき点を改めてリストアップしておきますね。

・「技術があれば成功する」は間違い

検定で学ぶほどんどの内容は
満席サロンに必要ない

・ネイリスト検定は3級まででOK
・3級でサロンワークに役立つのは半分以下
・2級でサロンワークに役立つのはない
・1級でサロンワークに役立つのは
　実践で習得可能
・ジェルネイル検定はなくてもOK
・検定や技術の数＝
　クオリティーが高いではない
・「検定で学べる内容が実践的ではない」
　「サロンワークで実際に使うことがない」
　と多くのネイリストからアンケート結果が
　出ている
・お客様は検定なんてどうでもいい

【ネイリスト検定3級を取得する目的】

・ネイル商材を卸価格で購入できる権利
・基礎知識をつける目的

検定以外の技術やアートこそ無駄に学ばない

・学べば学ぶほど結果につながるのは幻想
・他のネイリストと技術勝負はしない
・その内容は集客と売上UPが見込めるのか？
・その内容は投資した以上のリターンを得られるのか？
・本当にお客様が求めている内容なのか？
・無くてもいい技術は学ばない
・無くてもいい商材は買わない
・自己満は売れないネイリストの原因

・「丁寧＝時間をかける」は間違い

お客様の目線で考えて行動する

- 丁寧親切で時間をかける接客は勘違い
- 「短時間で仕上げて早く次の予定に行きたい」がお客様の本音
- 時間がかかる＝理想の実現が遅くなりリピ率が下がる
- 検定のやり方では時間がかかる
- 時短施術＋高品質の一択
- 時短施術＋高品質はネイリストの体の負担が減る
- 早い＝雑と思う人はやり方を知らないだけ
- お客様の理想をいかに短時間で叶えるかで選択する

・「嫌われたくないから言わない」は間違い

自分のサロンは自分でルールを決める

・「次回来てもらったら売上になるし……」という思考は捨てる
・お客様はあなたより立場が上ではない
・お客様は神様ではない
・他のお客様のためにも愛を持って伝える
・大好きなお客様だけで満席サロンにする
・満席でも毎日楽しくて、疲れより充実感を得る状態へ

愛を持って伝えるべきタイミング

・当日キャンセルするお客様は指摘する
・無断キャンセルするお客様は断る
・いつも遅刻するお客様は指摘する
・お子様連れのお客様は注意喚起する

事前にお客様を教育する

P102・103参考
・理想のお客様を優良顧客にするトーク
・予約変更やキャンセルをするお客様へのトーク
・お子様連れでやりにくいお客様へのトーク
・携帯を触りたがるお客様へのトーク

改めてリストアップしてみると、今のあなたの課題が見えてきたのではないでしょうか？　もし見えてきたのなら、その課題からすぐに実践してみてください。また、「時短施術と時短サロンワークについては、このあとの4章で私が実際に施術している「時短リアルスピード」を動画とイラストで公開しますので楽しみにしていてくださいね。

では、次にリピ率UP施策についてです。

●リピ率を上げる4つの要素

まず大前提として認識しておいていただきたいことは、先ほど時短施術と時短サロンワークでリストアップしたすべての内容がリピ率に関わってくるということです。

なぜなら、お客様が求めている理想をより早く実現できる要素が揃っているからですね。

それらの要素をクリアすればするほど、お客様はあなたのことを「私の理想をいち早く叶えてくれる良き理解者」として認識してくれます。そうなれば、「このネイリストにまたお願いしたいな！」と思っていただけるので、必然的にリピ率も上がってくるということです。

でも、その前に「そもそもなぜリピートされないのか？」その理由を考えたことはありますか？　ひたすら技術を増やしても、どれだけ技術を磨いても、それだけではリピ率が上がるなんてことはありません。じゃあどうするべきなのか？　この答えは、私が10年連続で満席サロンを叶えてきた中で明確に言語化できましたのでご紹介します。

・技術
・接客
・価格
・空間

この4つの要素で、お客様の感情がプラスよりもマイナスになってしまうとリピートされる確率が下がってしまいます。わかりやすく言うと、お客様のご来店からお見送りまでの流れの中で、総合的にプラスの感情で終わるかマイナスの感情で終わるかでリピ率が変わるということです。

そもそも人間は常にプラスの感情を求めて生きていますので、お客様に限った話ではなく人間そのものがマイナスの感情にはなりたくないわけですよね。だからこそ、

私が10年連続満席サロンを実現してきた中で技術と同じくらい、もしくは技術以上に徹底してきたことが、

・お客様にマイナス感情を作らない
・マイナスに感じやすいポイントはプラスに変える

ということなんです。大前提としてお客様が求めていることは、ネイルの仕上がりだけではなく、サロンでの過ごし方や居心地の良さなどトータルの満足度を求めています。人見知りの方も、おしゃべりな方も、優柔不断な方も、すべての方に「居心地が良かった」「自分は大切にされている」と感じていただけるかが、リピート率を上げるための核となるポイントになります。なので、お客様の感情を常にプラスにしていくためにも、

・どんなときに
・何をすれば
・どんな気持ちになるのか？

を先読みして、【技術・接客・価格・空間】の4つの要素ごとにやるべきことを決めて実践していきます。一つ一つ解説していきますね。

●リピ率を上げる4つの要素【技術】

まず技術ですが、本書でここまでお伝えしてきている内容がほとんど技術についてなので、ここまでの内容を実施していただくことと、繰り返しになりますがこのあとの4章で私が実際に施術している「時短リアルスピード」を動画とイラストで公開しますので参考にして実践してみてください。

●リピ率を上げる4つの要素【接客】

リピートを取れないネイリストさんの原因は技術力だけではありません。お客様にリピートしてもらうためには接客力が必要になります。

日本人はホスピタリティのある人種でもあるので、接客＝親切丁寧にやればいいというイメージがあると思いますが、ネイリストって技術ばかり学ぶ傾向にあるので、具体的にどんな接客をすればいいのか？　の部分を学ぶのが後回しになりがちです。

なので、「とりあえず丁寧に、親切に対応すればいい」と自己流で接客をしているネイリストが多いですね。

ここでは、実際に私が10年連続満席サロンを実現してきた中で気をつけている、具体的に言語化できている接客ポイントを3つご紹介します。

【リピ率を上げる接客ポイント】
①当たって砕けろ精神
②お客様を名前で呼ぶ
③お出迎え、お見送りはマスクを外す

①当たって砕けろ精神

よくある残念な接客パターンは、

・ネイリストが人見知りを発動する
・ご新規様だからって遠慮してしまう

これが原因となり、薄っぺらい会話しかできずに関係性の構築が出来なくて、ぎこちない居心地の悪い空間になってたり、専門性や権威性を感じられずに信頼を得られず終わってしまうことです。これまで1000名以上のネイリストをサポートしてきた中でよくあるご相談が、

「人と話すのが苦手で気軽に話しかけられないんです……」
「何話していいかわからなくて沈黙があります……」
「当たり障りない会話ばかりでぎこちなくて……」

などが多いので、お客様との会話に困っているネイリストが多いんですよね。だからこそ、「技術には自信があるのにリピートしてくれない……」みたいな、残念な結果を招いてしまっているケースがよく見受けられます。

でも、実は私も同じような経験をしてきたので気持ちがすごくわかるんです。私はHSPですし、めっちゃ人見知りなので、お客様との会話に困ってうまくいかないこ

とが多かったんですね。「あー、話せない……」「うわー、会話終わった。次、何話そう……」とか、日常茶飯事でした。でも、あるとき気づいたんです。

（必死に頭を悩ませながらご新規様獲得のためにインスタ更新を頑張ったり、ホットペッパーの掲載にお金を使ってきたのに……）

と、せっかく来てくれたお客様が目の前にいるのに、遠慮して、言い訳して、諦めているのは自分だよなって気づいたんです。

（こんなことしてたらいつまで経っても満席にならないし、お客様にも当たり障りない対応をして失礼なことしてるじゃん……）

と、「このままじゃダメだ！」と自分を奮い立たせて心を入れ替えてやり始めたことが【当たって砕けろ精神】でした。簡単に言うと、話すのを遠慮して関係性を築けなければリピートしてもらえないことが明確だったので、「遠慮するな！　当たって砕けろ！やり抜いてから後悔しろ！」というマインドセットをして怖がらずに実践したんです。

ただ、こんなことを思う方もいるかもしれません。「人見知りで話すのが苦手なお客様はどうしたらいいんですか？」って。結論を言うと、人見知りのお客様に合わせてネイリストも黙ってしまうのは、私の経験上やめたほうがいいです。

なぜなら、人見知りのお客様は、緊張しやすくて話すのが苦手なだけで、話したくないわけではないからです。人って自分が満たされたり豊かになる話なら、自然と話したくなるものなんですよね。もちろん会話をしたくない方もいるかもしれませんが、だからと言ってお互いに沈黙したまま終わってしまったら、コミュニケーションを取ることができずに信頼感なんて与えることが出来ませんよね。

つまり、関係性の構築ができない＝ファン化ができないので、そのお客様があなたのサロンに対して評価をする基準は、価格や場所などの機能面だけになってしまうんです。ということは？　当然、値上げや移転をしたら離れていきますし、他に安いサロンやアクセスが良いサロンを見つけたら、あなたのサロンをリピートする理由は全くなくなってしまいますよね。

人見知りのお客様は、「話したくない」わけではなく「話すきっかけがあって自分が満たされるなら話したい」

私たちが目指す理想の状態は「絶対にあなたにお願いしたい」と言ってくれる顧客様を増やすことですよね。であれば、あなたが人見知りだろうが、ありきたりなことしか言えなくて微妙な空気感が漂おうが、理想の顧客様を作るためにはあなたから動きだすしかないはずです。

とはいえ「わかっているけど出来ないんです……」と思う方も多いのではないでしょうか？　そんな方のために、今日から実践できる具体的なアクションプランをご用意したのでご紹介します。

1：まずはネイルのことに関してしっかり説明していく

「え？　そんな当たり前のこと？」って思いましたか？　実は多くのネイリストがそもそもココが不足しているんです。あなたはお客様にただネイルをしてあげる人じゃないですからね。爪の専門家としてお客様のお爪に対して正しい知識を与えて、お客様に爪のことをしっかり理解していただき、より健康な爪を保ち、より美しく、より可愛いネイルをいつも実現できるように導くことが私たちネイリストの役目なんです。

たとえば、

・オフの摩擦熱について
・ベースジェルの状態から予測される爪の状態
・未来で起こりそうなトラブルの可能性

などなど、私たちネイリストにとっては当たり前の知識や事実であっても、お客様は爪のプロではありませんので知らないことばかりです。施術中に不安を感じさせないようにしっかり説明してあげたり、爪の状態から想定される未来のトラブルや理由を教えてあげたり、具体的な事例や解決策を教えてあげたり、お客様が本当は知っておきたい話がたくさんあるはずです。

ハッキリ言いますが、お客様からご希望をいただいたネイルをただ黙々と仕上げて終わるなんてことをしてるネイリストは、ファンなんて作れませんしリピ率が上がることは一生ありません。というより、爪の専門家としてお客様に必要な知識や情報を与えないのはプロとして失格です。

お客様から絶大な信頼をいただくためにもネイルについての説明はとってても大事なので、プロとしてお客様の状況に合わせたベストな説明をしていきましょう。

2：お客様の好きなことを徹底的にヒアリングする

なぜ、お客様の好きなことを徹底的にヒアリングするのか？　ですが、結論から言うとお客様の心の壁を薄くして会話を弾ませるようにするためです。先ほど、人って自分が満たされたり豊かになる話なら自然と話したくなるものだと言いましたが、お客様が好きなことの話はまさに会話が弾む鉄板ネタになります。

やるべきことは、とにかくお客様の好きなことをすべて聞き出しましょう。と言っても「何から聞いたらいいのかわからない……」と頭を抱える方も少なくないはずなので、お客様にヒアリングすると会話が弾みやすい「ヒアリングチェックリスト」を次のページでご紹介しますね。

この辺りは最低限、把握しておきたい項目ですね。実際にヒアリングする中で、始めはお客様の心の壁が厚くて盛り上がらないかもしれませんが、一つでも好きなことを引き出せたらそこから会話が盛り上がりますので、焦らずに深掘りしていきましょう。

ヒアリングチェックリスト

- ☑ 好きな色
- ☑ 好きな服の系統
- ☑ 好きな食べ物、飲み物
- ☑ 好きな（よく行く）場所
- ☑ 好きな映画
- ☑ 好きな音楽
- ☑ 好きな有名人／推し

【好き以外のチェックリスト】

- ☑ ついつい見ちゃうSNSアカウント
- ☑ インドア派／アウトドア派
- ☑ 休みの日の過ごし方
- ☑ 時間を忘れるほど夢中になれる趣味
- ☑ 買い物するならどこに行くか
- ☑ 旅行に行くならどこがいいか
- ☑ 美容はどこに行く？ オススメは？
（化粧品／美容院／マツエク／エステ）
- ☑ オススメの地域のお店
- ☑ 仕事の内容

ちなみに、深掘りの流れはこんな順番でやるといいですよ。

話を深掘りする順番

①チェックリストから一つ聞き出す
②なぜ好きなのか？ 理由を聞く
③どんな時にそれをするのか？ を聞く
④それをするとどうなれるのか？ を聞く
⑤共感・感想・教えてもらったことへの感謝
⑥どんな人にオススメなのか？ を聞く

この順番でヒアリングを繰り返していけば、お客様が好きなことを深掘りしてるのでどこかで良い反応がもらえる話題に当たるはずです。盛り上がるポイントでは話を広げて一緒に楽しむだけなので、盛り上がったときこそお友達と接するように興味を持って楽しく会話をしていきましょう。

ただ、注意点があります。このときに大切なのは、お客様の話を興味津々に聞くことです。何となく時間つぶしでサラッと聞いていたり、間を持たせるためだけの当たり障りのない会話はお客様にも伝わってしまいます。

たとえば、あなたが美容院に行ってアシスタントの方がシャンプーしてくれるときに「今日はいい天気ですよねー」「お仕事帰りですかー？」って、挨拶がわりに話しかけられても（いや、絶対私に興味ないじゃん）（聞いて終わりって……無言避けるためだけの会話じゃん）というように、全く心がこもってない会話を体験したことがありませんか？　こういうのは逆にお客様の心が離れてしまう最悪なコミュニケーションなのでやめましょう。

3：少しでも心を許してくれた瞬間に全力投球する

これは先ほどの2に通ずる部分でもあるのですが、お客様が心を開いてくれたその瞬間でしっかり話を膨らましていくことです。でも、人見知りのお客様だと、（何を聞いてもすんっとされていて対して盛り上がらない……）とか（なんかこの人怒ってる？怖いよー）と私たちが感じてしまうときがありますよね。私も過去に何人もそういったお客様を対応してきたのでわかりますが、そういったお客様は基本どのサロンに行っても無愛想なんですよね。だって人見知りなので仕方ないんです。

だからこういうお客様は諦めましょう、という話ではありません。お客様が人見知りだからこそ、実はリピートしてもらう大きなチャンスが眠っています。なぜなら、どのサロンにも馴染みづらいお客様をあなたのファンにしてしまえば、一生リピートし続けてくれる優良顧客様へと一気に進化してくれるからです。

実際に私が対応したお客様のお話をしますね。ご来店時からずーっとむすっとされていて、コミュニケーションを取ろうとしてもなかなか心を開いてくれずに苦戦……普通だったら、お客様の反応が悪くて気まずい空気を体験しちゃうと、途中で諦めて無言で施術を終わらせてしまいがちですよね。で、お客様がお帰りになったあとに振り返って「あー、今のお客様は最悪だった……ハズレだったな……」なんて思ってるネイリストもいるはずです。でも、ここで私は諦めませんでした。

だって、せっかくご来店いただいたお客様に全力で対応しないことが失礼ですし、自分が頑張ってインスタを更新したりホットペッパーにお金をかけて集客したことを無駄に終わらせたくないじゃないですか。だからこそ、最後までお客様に対しての全力投球を諦めずに徹底的なヒアリングを繰り返しました。もちろん、終始「あなたの事に興味があります」というスタンスで。

すると、状況が一変しました。ペットの話題で急に表情が和らぎ、にこやかにお話してくださるようになったんです。ペットの話をきっかけに話がどんどん盛り上がって、むすっとしていたお客様に笑顔が増えて楽しくお話をしていただけるようになったんですね。

もうこれは、心の中でガッツポーズでした（笑）そのあと次回予約もしていただけましたし、それから何年も、移転をしても、値上げをしても、何一つ文句を言わずに3週間ごとの定期的にサロンに通っていただけるＶＩＰ顧客様に進化してくれました。

でも……思い返してみれば、もし私があのとき接客を諦めてしまっていたら……何十万円という売上を逃してしまっていたわけです。ここであなたに質問ですが、これまでご新規のお客様でサラッと対応してお帰りいただいたケースが何回ありましたか？そして、そのお客様はリピートしてくれてますか？　きっと、一度きりのお客様で終わっていますよね。もし、そのお客様全員がＶＩＰ顧客に進化していたとしたら……あなたのサロンはすでに満席サロンなんじゃないでしょうか。もし今、「勿体無い……チャレンジしてみればよかった……」と思えたのなら、今日があなた自身のマインドと行動を変えるチャンスです。

まとめると、【人見知りでやりにくいお客様ほど全力投球すべき】というのが、最高のリピート顧客を作るポイントになり、他店との差別化ポイントにもなって、満席サロンを叶える鍵にもなっていきます。

😭Before
ご来店時からむすっとしたお客様

何を話しても心を開いてくれない……
でも、諦めずに会話を進めると……

↓

😊After
ペットの話をきっかけに心を開いてくれ、
笑顔で楽しく話してくれるように！

しかも……移転しても値上げしても
3週間ごとに何年も通っていただける
VIP顧客様に！

さて、ところであなたはお客様のことをどのくらい知っていますか？　どれだけお客様のことについて話せますか？　「またリピートしてもらいたい！」とか、「自分が移転しても値上げしても〝あなただから通い続けるのよ〟と言ってもらいたい！」とか、「素敵なお客様だけで満席サロンを叶えたい！」と思っているはずなのに、目の前のお客様のことを深く知ろうともしていなかったなんてダメですからね。もしそうなら、正直そんな状態で自分のファンになってくれるなんて都合の良すぎる考えです。

「愛されたければ、まず人を愛しなさい」

この考え方は、私が10年連続満席サロンを叶えてきた中で大切にしてきた考え方で、私のネイルスクールNCAの生徒さんにもお伝えしていることです。これがちゃんと出来ていれば人見知りのお客様やクセが強めのお客様もしっかり心を掴める可能性が上がりますので、あなたからお客様を愛して接してあげるようにしてみてください。お客様が変化する瞬間がクセになるくらい接客が面白くなりますし、素晴らしいお客様だけが通ってくれる満席サロンが実現していきます。

でも、もしかすると「どんなタイミングが仲良くなれるチャンスなんだろう？」と思ったかもしれませんので、一気に仲良くなれるタイミングがどんなときなのかをお伝えしておきますね。

仲良くなれるタイミング

・今まで硬かった表情が和らいだ時
・声のトーンが上がった時
・喋るスピードが速くなった時
・声が大きくなった時

心を開きかけたタイミングを
逃さないことで
↓
信頼関係を構築できて
【リピート率が上がる】

これらのタイミングは、お客様があなたに少しだけ心のドアを開いてくれているチャンスです。なので、ご来店時からヒアリングを重ねながら、このタイミングを見逃すことなく一気に話を盛り上げるように、失敗を恐れずチャレンジするようにマインドと行動を入れ替えましょう。

遠慮して何もせずにお客様が離客するくらいなら、当たって砕けろ精神で全力投球したほうがリターンの可能性がまだありますからね。あなたが自分の好きなお客様だけリピートしてくれる素敵な満席サロンを叶えたいのなら、やらない後悔よりやってから後悔する選択をしていくことをオススメします。私が実際にそうしてきて10年連続満席サロンを実現してるからです。「当たって砕けろ、当たって砕けろ」ですね。

さて、ここまで具体的なアクションプランをお伝えしてきましたが1点注意が必要です。それは、

・明らかに自分と合わないお客様
・態度が悪いお客様

この場合は、理想の満席サロンを作るために不要なお客様なので、1秒でも早く施術を終わらせていただいて大丈夫です。もちろん、マナーやモラルを守って最高のネイルを仕上げることは大前提ですが、せっかく自分のサロンをやっているのに自分がやりたくないお客様をリピートさせたって疲れるだけですからね。売上が欲しいからといって、自らストレスを増やすような選択は絶対に辞めましょう。

「お客様は自分が選ぶ！」「自分が好きなお客様だけで満席サロンにする！」この考え方でやれば、毎日お客様がご来店されるのが楽しみすぎて仕方ない、最高のネイリストライフを手に入れることが出来ますよ。実際に私も毎日ルンルンでお客様のネイルをしてるので、仕事をしている感覚がなくて、楽しみながらあっという間に時間が過ぎる感覚がめっちゃ幸せです。

ちなみに、私が主宰するネイルスクールＮＣＡでは「新規リピ率１００％の型」を用意していて、実際に私が満席サロンで実施しているサロンワークでのお出迎えからお見送りまでを詳しく具体的に動画も交えながら学ぶことが出来ます。

この「新規リピ率100%の型」を実践した生徒さんは、翌日からご新規様のリピ率が100%になる事例が続出しているくらい、成果実証済みのテンプレートを公開しています。

②お客様を名前で呼ぶ

リピ率を上げる接客ポイントの2つ目は「お客様を名前で呼ぶ」です。これ、意外と出来てないネイリストが多いんですよね。

人は無意識に自分の名前を特別なものだと認識しているので、人から名前を呼ばれることで相手への親密度や好感度が上がる傾向があります。心理学ではこれを「ネームコーリング効果」と呼びます。

たとえば、「お客様」などの三人称で呼びかけられるより、「〇〇さん」と名前を呼ばれることで「自分のことを知ってもらえている」「私の存在を認めてくれている」と感じやすく、お客様が私たちネイリストに対して「このネイリストさんは自分に好意を持ってくれている」「私を歓迎してくれている」と感じてもらいやすいんですね。

注意点としては、ビジネスシーンだと苗字で呼ぶことが多いかもしれませんが、ネイルサロンの場合はお客様を下の名前で呼ぶことをオススメします。ひとまず、イラストの3つの例を見て「どう感じるか？」をお客様の立場になって比較してみてください。

《お客様がご来店された時のご挨拶》

パターン①

お客様、本日はご来店
ありがとうございます。

パターン②

品川様、本日はご来店
ありがとうございます。

パターン③

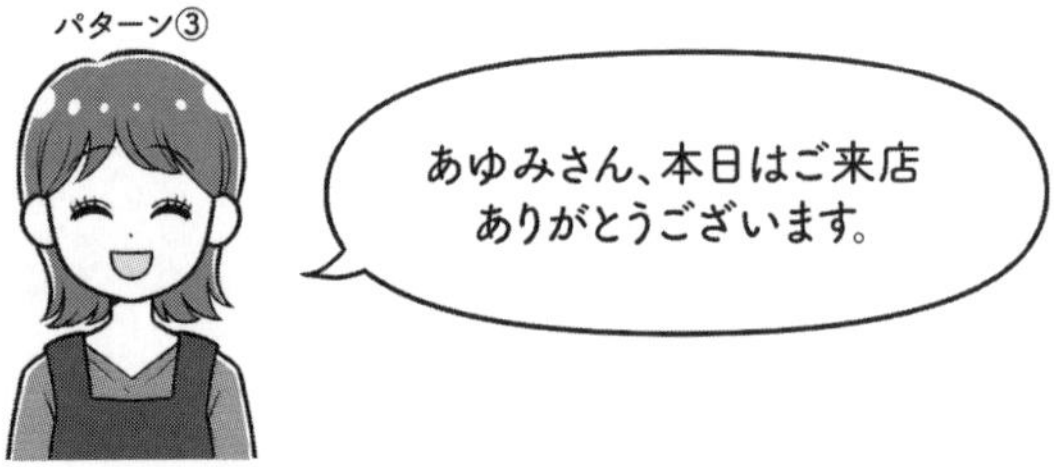

あゆみさん、本日はご来店
ありがとうございます。

いかがでしょうか？　お客様に対してご挨拶している事実は変わらないのに、パターン③で下の名前を呼んでもらったほうが親しみやすさや好印象を感じませんか？

この親しみやすさや好印象がお客様の心の壁をほんの少しだけ薄くしてくれるので、その後の施術中からお見送りまでの間に関係構築がしやすくなるんです。

もちろんいきなり下の名前で呼ぶと「なれなれしいなぁ」と感じるお客様が一定数いるかもしれませんが、そう感じてしまうお客様は私の求める理想の顧客様とは違うので、リピートしてもらわなくて大丈夫という気持ちで接しています。先ほども言いましたが、お客様は自分が選ぶ！　自分が好きなお客様だけで満席サロンにする！というのが、心とお金と時間の自由を手に入れる満席サロンの作り方だからですね。

私は「苗字は【個】を表すものではない」と昔から思っていて、呼ばれれば反応はするけど、どこか距離を感じるので「呼んでもらって嬉しい！」という感覚はほとんどありません。もちろん、憧れの人に苗字を呼んでもらえたら嬉しいかもしれませんが、そうだとしても下の名前で呼ばれたほうが感動を超えるレベルで嬉しいじゃないです

か（笑）

他にも、たとえば「〇〇くんのママ」という呼び方はママ友といるときなんかによく使うと思いますが、この場合も私は「お名前なんて言うんですか？」とママに聞いて下の名前で呼ぶようにしています。なぜなら、私が話したいのは「〇〇くんのママ」ではなく「〇〇さんという目の前の女性」だからです。

ちょっと話がズレてくるかもしれませんが、私は旦那さんのことを「パパ」ではなく下の名前で呼んでいるんですね。お互いを尊重し合い、ママ、パパという役割で括らないことが夫婦関係を保つ秘訣だからです。実際に、旦那さんの機嫌がいい空間だと思いっきり働きやすくなりますし、仕事で旦那の協力が必要になるときも快く受け入れてくれることが増えました。なので、もしあなたが家庭と仕事を両立しないといけないママネイリストさんなら、旦那さんに対しての呼び方もぜひ意識してみてください。

下の名前を呼ぶことは相手を認め、尊重することなんです。世界で一番やりやすくて簡単な愛情表現だと思いますし、相手との心の距離を近づけてくれる魔法の力があります。ぜひあなたも、お客様や旦那様に心を込めて「下の名前」で呼びかけてあげてくださいね。

③お出迎え、お見送りはマスクを外す

リピ率を上げる接客ポイントの3つ目は「お出迎え・お見送りはマスクを外す」です。マスクっていうとコロナのイメージがありますが、ネイリストってそもそもコロナ以前からマスクをつけるのが当たり前ですよね。

マスクを付けている理由としては「ネイルオフのときに舞うダストを吸い込まないように」という事もありますし、ネイリストってお客様と対面の仕事で、顔を上げると目の前にお客様の顔がある距離感の近い職業なので「飛沫対策」としても役立っているはずです。わざとではないにしても、万が一ネイリストの唾がお客様の顔や手に飛んでしまったり、ネイルそのものに飛んでしまったら最悪ですからね。

このように、ネイリストにとっては当たり前のマスクですが……お出迎えからお見送りまでの間、ずーっとマスクを付けていてお客様に1度もお顔を見せていない……

なんてことがありませんか？　マスクをつけていれば鼻から下のお化粧をサボっても
バレないし、表情を隠せる安心感もあるので、ついつい最初から最後までマスクを取
らずに接客しているネイリストが多く見受けられます。でも、ちょっと待ってください。
それってお客様から見るとどうなんでしょうか？

顔もわからない人に名前を呼ばれても嬉しくないし、マスクの下の表情がわからな
いし怖いじゃないですか。他にも、顔もわからない人に長時間手を触れられたりネイ
ルを任せるなんて、かなり不安感がありませんか？　ネイリストの都合でこんなこと
をしていたら、関係性の構築や信頼感を得るスピードが確実に落ちてしまいます。

マスクをすると顔の表情が半分以上隠れてしまって、お客様からネイリストを見た
ときの視覚の情報量が半減しますよね。あなたがマスクの下では笑っているつもりでも、
お客様には全く伝わっていないかもしれません。これではお客様がネイリストの表情
を正しく汲み取れないので、円滑なコミュニケーションが出来るはずがありません。

「お客様に心を開いてもらいたい」

「お客様に自分のファンになってもらいたい」
「絶対にあなたにやってもらいたいと思って欲しい」
「リピートして欲しい」
「紹介もして欲しい」

など、あなたがお客様に何かしらのリターンを求めているのなら、まずはあなたが心を開いて、お顔を見せて、全力の笑顔で「あなたに出会えて嬉しいです」と、言葉ではなく表情のすべてで伝えてください。あなたから先に全力でお客様にギブをするんです。そうしなければお客様にあなたの想いが届きません。もちろん、施術中はマスクは必要ですが、

・お出迎えのとき
・お見送りのとき
・ある程度の距離を保てる範囲のとき

だけは、マスクを外してあなたのとびきりの笑顔で、お客様に感謝と喜びを伝えてあ

げましょう。リピ率を上げる接客のポイントとして今すぐ実践できる簡単なことなので、
あなたも今日から実践してみてください。

マスクを外して全力で接客する
タイミング

- お出迎えの時
- お見送りの時
- ある程度の距離を保てる範囲の時

●リピ率を上げる4つの要素【価格】

さて、リピ率を上げるために必要な要素として、「価格」にまつわる情報の伝え方や見せ方への配慮が重要になってきます。ちなみにこの「価格」というのは、高い安いという話ではありません。これまで1000名以上のネイリストをサポートしてきて、この「価格」への配慮がなされていないネイルサロンの新規集客数とリピ率は例外なく悪い状態でした。私なら「え、絶対行きたくない……」って思うくらい、全ネイリストに知っておいて欲しい重要な話になります。

この「価格」の話はリピ率を上げるためだけではなく新規集客にも影響があることなので、今からお伝えする2つのポイントがあなたのサロンで出来ていなければ、即改善していただくことをオススメします。

【リピ率を上げる2つの価格ポイント】

①ご新規様目線のメニュー構成
②明確な価格説明

①ご新規様目線のメニュー構成

いきなりですが問題です。

【問題】あなたのサロンのメニューは「誰目線」で作られていますか？

A：自分が訴求したい情報を打ち出している（ネイリスト目線）
B：お客様が欲しい情報を打ち出している（お客様目線）

さて、あなたのサロンのメニューはAとBどちらの目線で作られたものでしたか？
もし、あなたの答えがAのネイリスト目線だったのであれば……すぐに改善しないと危険かもしれません。なぜなら、ネイリスト目線で作られたメニュー表は、お客様目線で見たときに疑問や理解に落とせない点が多く、「理解できない＝欲しい情報がすぐに得られない＝予約しようと思えない」からです。私の経験上、Aのネイリスト目線でメニューを作っているサロンは、新規もリピートも予約が入りにくいんです。
なので、もし今、あなたのサロンにお客様がなかなか来てくれなくて悩んでいるのなら、その理由はもしかすると……

・技術力が低いから？
・立地が悪いから？
・価格が高いから？
・インスタを頑張れてないから？
・広告費をたくさんかけていないから？

これらはすべて違うかもしれません。実は、満席サロンになるだけの実力があるのに、お客様目線のメニュー表になっていないというだけでお客様がご来店されないのかもしれません。

では、そもそもお客様目線のメニュー表とはどういうことなのか？　すぐに実践できる2つのポイントをご紹介しますので、あなたのサロンのメニュー表と照らし合わせながらチェックしてみてください。

【お客様目線のメニュー表を作る2つのポイント】
①お客様目線のメニュー名になっているか
②どの段階のお客様のためのメニューなのか

①お客様目線のメニュー名になっているか

まず1つ目のポイントは、「お客様目線のメニュー名になっているか」です。よくありがちなネイルのメニュー名をただ羅列するだけでは、お客様が理解できない可能性があるので来てくれません。ついつい自分の事になると視野が狭くなってしまってわからないかもしれないので、ちょっと他業種に置き換えて考えてみましょう。

たとえば、あなたが髪の毛を切りたくて美容院を探していたとしましょう。そのとき、ホットペッパーなどで見かけた美容院のメニューがこんなメニュー表だったら、どんなことを思い、どんな行動を取るでしょうか?

ある美容院のメニュー表

・カット＋ケラフェクトカラー
＋MARBB
¥20,000

・デザインカット＋透明感カラー
＋TOKIOトリートメント
¥15,000

・似合わせカット＋イルミナカラー＋
anjuaトリートメント
¥11,000

あなたに質問です。このメニュー表を見て

・普通のカットとどう違うのか?

・どんな特徴のあるカラーなのか？
・どんな効果のあるトリートメントなのか？

瞬時に理解することが出来ますか？　もっと言えば、自分がなりたい理想の姿を叶えてくれるメニューなのか判断できますか？　ちなみに私には全くわかりませんし、メニューの違いもわかりません（笑）なので価格に差があることも理解できないというか納得できないですよね。

私の場合、髪は綺麗にしておきたいけど特にこだわりのメーカーがあるわけでもありません。なんなら、とにかく髪をツヤッツヤで綺麗にしてくれれば何でもいいんですよね（笑）でも、いつも美容院を予約するときはメニューを解読できないことが多いので、どれを選んでいいのかわからずに疲れてしまって、予約せず後回しにしていた経験が何度もあります。

では改めて、こんなメニュー表が目に入ってきたらどうでしょうか？

ある美容院のメニュー表

・艶々カラー
＋手ざわり改善トリートメント
¥13,200

・小顔魅せカット
＋オーガニックカラー
＋芯まで補修トリートメント
¥18,000

・カット＋傷まない極上ブリーチ
＋カラー／ご褒美ヘッドスパ
¥23,000

さっきのメニュー表と比べてどうでしょうか？　「一つ一つのメニューがどんな理想の状態になれるのか」がイメージしやすい言葉ですし、どのメニューを選べばいいのか一発でわかるのではないでしょうか。これが「お客様目線のメニュー名になっている」

ということです。

あえて美容院のメニュー表を例に出してあなたにお客様目線を体験していただきましたが、自分がお客様目線になってみると、あなたのサロンのメニューをお客様が見たときに理想の状態をすぐにイメージできる言葉になっているのか？　を見つめ直すヒントになったのではないでしょうか。

②どの段階のお客様のためのメニューなのか

続いて2つ目のポイントは「どの段階のお客様のためのメニューなのか」ということです。「どの段階」というのは、

・来店前のご新規様なのか
・来店後の目の前のお客様なのか

の2つの段階があります。来店前のご新規様に向けたメニュー表でよくあるNG例が、

よくあるNGメニュー例

カラー追加1色　¥300
ストーン1粒　¥100～
ラメ　¥100
ラメライン　¥100
繊細アート　¥500～
バーチャル　¥1,000

のように、オプションメニューまですべて記載してしまっているケースです。実は、すべての細かいオプションメニューまで記載することでデメリットがあります。それは、

文字が増えすぎて視認性が落ちるためメニューが見にくい

←

本来、見てもらいたい看板メニューが見てもらえない
↓
探すのが面倒になって離脱される

この流れで新規客数が減ること。もう一つは、そもそもお客様はご来店前にどのオプションをどのくらいやるのかなんて、細かいデザインまで決められていないんです。だからこそ、ご来店いただいてからもデザインを決めるのに悩んでしまうし、余計に時間がかかってしまうんですね。なので、「来店前のご新規様」に向けたメニュー表には、必要以上に項目を増やさないことが新規客数を増やすポイントなんです。

オプションメニューなどの説明がしっかり入ったメニュー表は「来店後の目の前のお客様」のために別途作成しておいて、カウンセリングをしながらベースの施術金額と合わせて提案してあげるようにすれば、お客様からの不信感を抱くことはありません。では実際に、サロンでお客様にお見せするわかりやすいメニューの例を記載しますので参考にしてください。

サロンでお見せするメニューの例
※顧客さまが選びやすい
メニューにすること

・ワンカラー／グラデーション／
ラメグラ　¥6,000
・２本アート　¥7,000
・４本アート　¥8,000
・６本アート　¥9,000
・８本アート　¥9,500
・１０本アート　¥10,000
・定額コース　¥7,000／¥8,000

―――――――――――

〈オプション〉
・マグネット　¥100〜
・カラー追加１色　¥300
・ストーン１粒　¥100〜
・ラメ　¥100
・ラメライン　¥100
・繊細アート　¥500〜
・バーチャル　¥1,000
・大きめパーツ　¥500〜
・３Ｄビジュー　¥500〜
など

〈付け替えオフ〉
オフなし　￥０
オフあり　¥1,000

このように、「何本アートが何円で出来るのか？」がわかりやすいシンプルなメニューを提示しましょう。

さて、今のあなたのサロンのメニュー表は「お客様目線」になっていましたか？ネイリスト目線で作られたメニュー表のままでは、ご来店前であれば予約が入らないネイルサロンになってしまう可能性が高いですし、ご来店後なら不信感や不満を抱かせてしまう原因になります。ここまでの内容を参考に、今すぐお客様目線のメニューに作り替えていきましょう。

②明確な価格説明

講師として多くのネイリストの悩みに寄り添っていくと、よくいただく定番の質問があります。それは、「お客様が優柔不断でデザインを決めてくれないんです……」ということ。でもそれって、本当にお客様のせいだと思いますか？　なぜ、お客様が決断出来ないのかを冷静に考えたことがありますか？

お客様がデザインを決断出来ない理由……それは、ネイルサロンの価格の不透明さが原因です。ネイルサロンって小さなパーツ1つで価格が変動したり、オーロラ、マグネット、ミラーなどのアートや、長さだし、亀裂、フィルインなどの追加料金があって、「結局、全部でいくらになるのか？」がわからない不透明性に、不安な気持ちを感じるお客様も少なくありません。

一つ、私が実際に体験した話をしますね。昔、とあるネイルサロンに行きました。そのサロンはキャラクターアートが得意で、可愛いデザインがたくさんＷＥＢに掲載されていたので「やってみたいなぁ」と思ったんです。でも、ホットペッパーで予約するときにキャラクターアートのコースが無い。「うーん……？」と思いながらも、とりあえずアートが出来そうなメニューを予約してサロンに行ってみたんです。

実際にサロンの店内に飾ってあるサンプルを見ると、そこには私がやりたいなと思っていたキャラクターが飾ってあったのですが……書いてないんですよ、価格が。私はＨＳＰで余計なこと考えちゃうし気が小さいので「このアートはいくらですか？」とすぐに聞くことが出来なかったんです。だって、たとえば「１本３０００円です」とか言われてもし私が断ったら「お金無いのかなこの人って思われるんじゃないかな……」とか、余計なことまで気にしちゃうからです。

だから私はすごーく遠回しに「キャラクター可愛いですよね」って言ってみたけど

……まさかの「そうですよね～」って返されただけで会話が終了しちゃいました（笑）

私もネイリストなので、突然キャラクターアートの希望をされると迷惑なのはわかっているので、（本当はキャラクターアートしたいけど金額もわからないし、時間的にも今日出来るかわからないしなぁ……）って内心モヤモヤ。やりたいことを素直に言えないからデザインも全然決められない……結局、しぶしぶサンプルの中から何となく選んだアートにしました。

そしてお会計になりクーポンも使っていたので（8000円くらいかな？）と思っていたのですが……なんと12000円でした。「あぶねー！　キャラクターにしなくて良かったー！」と思いましたよね（笑）なぜなら、15000円とか20000円かけてまでキャラクターネイルをしたくはなかったので。もちろん、価格の不透明性がありすぎるネイルサロンだったのでリピートはしませんでした。

さて、私の実体験をお話ししましたが、ここであなたに質問です。あなたなら、どうすれば私をリピーターにすることが出来たと思いますか？　ぜひ、この先を読む前に考えてみてください。（ぜひ、頭の中で答えを出してから読み進めてください）

お客様に不安を抱かせずに効率的にデザインカウンセリングができるノウハウはいくつかのパターンがあります。今回は、実際に私のサロンで実施しているカウンセリングの簡易バージョンを一つ、先ほどのキャラクターアートの事例に合わせてご紹介します。

デザインカウンセリング例

あゆみ「本日はどんな感じにしたいなーとかありますか？」

お客様「全然決まってなくて……でも、キャラクターって可愛いなーとは思います」

あゆみ「そうですよね！ 当店では繊細なアートを得意としているので、キャラクターアートもお任せください♪」

お客様「そうなんですね！ うーん、どうしようかなぁ」

あゆみ「ちなみに本日このクーポンでご予約いただいているので、この辺りのもので¥〇〇〇〇で出来ますし、こちらのサンプルのキャラクターだと1本¥〇〇〇〇追加料金で出来ますよ」

お客様「そうなんですね、わ〜、これ可愛い〜！」

あゆみ「可愛いですよね♡今日は〇時間の枠でご予約いただだいているので、お時間的にこっちのアートだと難しいかもしれませんが、ここら辺のキャラクターアートなら今日これから対応可能なので、もしやりたいものがあれば教えてくださいね♡」

お客様「え〜！ そしたらこれにします！」

いかがですか？　多分、実際に喋ってみると1分くらいで伝えられることですが、この短時間で一気に、

・価格の不透明性
・時間の不透明性
・デザインの不透明性

がクリアになりましたよね。このように伝えてもらえれば、お客様は頭の中で「予算がこのくらいだから1本だけ入れてもらおうかな！」と計算がしやすくなりますし、自分のやりたい希望と価格のミスマッチを起こすことなく、満足できるデザインを手に入れて帰ることが出来るはずです。

ご来店の前に想定していたデザインから変更がある場合なんかも、会計時にお客様が「想定と違った……」という不信感を持たせないために、透明性のあるカウンセリングをしていきましょう。

実はこのカウンセリングのやり方には、たくさんの人間心理テクニックが詰め込まれています。私のネイルスクールNCAでは、この人間心理の部分から学べるようにしているので、どんなネイリストでも必ずリピーターをその場で作れるメソッドが確立されています。たとえば、「顧客の心を掴む人間心理6選」というコンテンツでは、6つの心理からどうアプローチすれば思い通りに理想のリピーターを獲得できるか？を教えています。その6つの項目だけご紹介しておくと……

**顧客の心を掴む
人間心理６選**

・受容
・肯定
・反論
・視覚優位
・決定（選択）回避
・希少性、緊急性

これらの人間心理を活用してお客様にどのようにお声がけするかで、お客様の満足度やリピートするかしないかの結果を左右します。そのくらい人間心理というのは「意図的にリピーターを作り出せる」貴重なノウハウなんです。ぜひあなたもリピ率100%の満席サロンを叶えるために、人間心理を理解した接客、価格の透明性があるカウンセリングを実施できるように見直していきましょう。

以上、「リピ率を上げる4つの要素【価格】」の

①ご新規様目線のメニュー構成
②明確な価格説明

を解説してきましたが、常にお客様目線で考えてお客様に不安や疑問を与えることのない動線を作っておきましょう。

●リピ率を上げる4つの要素【空間】

リピ率を上げる4つの要素の最後は「空間」です。この空間については、お金もか

かりますしセンスが問われる部分でもあるので、ほとんどのネイリストが後回しにしてるケースが多いのではないでしょうか。ここではリピ率を上げる空間の作り方について4つの項目をご紹介します。

・家具の重要性

まず第一に私が伝えたいのは、ネイルサロンに用意する家具はとても重要だということです。

まず、施術しやすい家具を揃えることで作業効率が上がるので、時短サロンワークを効率的に実現できるようになります。ただ、大きな家具はなかなか買い換えるものではないので、購入する際は慎重に条件を満たす物を購入する必要があるので注意してください。

インテリアが大好きな私は今まで、ネイルデスク6台、ネイルチェア10脚を購入して使用してきました。その経験から、最も使いやすい、

・ネイルデスクのサイズ
・ネイルデスクの機能
・お客様用ネイルチェア
・ネイリスト用ネイルチェア

の見極め方のポイントをお伝えしていきます。これであなたも失敗しない家具を揃えられるはずです。

・ネイルデスクのサイズについて

結論から言うと、「横幅１２００ｍｍ×奥行４５０ｍｍ」がオススメです。高さはどのメーカーも７００ｍｍくらいで大差ないはずなので、そこまで気にしなくても良いと思います。なぜ、横幅１２００ｍｍがオススメなのかというと、

・アームレスト
・ネイルライト
・定額などサンプルチップ

は基本、机の上に常にあるものとして考えて、それにプラスして、

・お客様がご希望したときに、他のカラーやデザインのサンプルを目の前に置いてあげたい
・商材をたくさん使用するようなデザインだと、ジェルやラメなどが机の上に大量に並ぶ
・十分な施術スペースを確保する事でスムーズなサロンワークが出来る

という観点から、横幅1200mmのネイルデスクがオススメです。でも、もしかすると「私のサロンは部屋が狭いんですよね……」という方もいるかもしれません。そんな方は出来る限りスペースに余裕の持てるサイズのネイルデスクを用意しましょう。

次に、なぜ奥行450mmがオススメなのかというと、たとえば奥行400mmにしてしまうと、

・お客様とネイリストの足が当たってしまう
・アームレストなど置くと作業スペースが少なくなり作業効率が落ちる

ことから、４５０ｍｍをオススメしています。ただ、逆に奥行５００ｍｍ以上はお客様の手が遠くてやりづらくなるのでやめたほうがいいです。でもこれは私の身長や体のサイズから見たベストになりますので、

・身長が高いネイリストさんなら５００ｍｍがやりやすい可能性
・身長が低いネイリストさんなら４００ｍｍがやりやすい可能性

があります。ちなみに私は身長１５１ｃｍで奥行５００ｍｍを使っているのですが、やはりお客様の手が少し遠いなと感じています。じゃあなんで使ってるのか？ でいうと、完全にデザインに一目惚れしたので他に選択肢がなかっただけです（笑）猫脚でアンティークでめちゃくちゃ可愛いので、お客様の手が遠いことは許容範囲として購入しました。可愛いので写真貼ります（笑）

私のように「少しお客様の手が遠いかも……」と思ったときの対処法としては、ネイリスト側のネイルチェアの高さを上げてしっかり手が伸びるように調整すれば、問題なくサロンワークが出来るはずです。私はそれでやっています。それよりもデザイン重視にしたので（笑）

・ネイルデスクの機能について

ネイルデスクの機能はシンプルなもので良いのですが、私がたくさんのネイルデスクを使ってきて「この機能最高！」と思ったものをご紹介しますね。

結論から言いますと、圧倒的にオススメなのは「引き出しが付いているデスク」です。とにかく最高なんです。ストーンやパーツ、よく使うジェル、お会計のセットなど、ネイリスト側に引き出しがあるものだと本当に便利。

ただ1点だけ気をつけてもらいたいのは、デスクって基本的に表側に引き出しがついてますよね。なので、引き出しを私たちネイリストが使う場合は表側がネイリストのほうを向くようになるため、お客様側になるデスクの裏側までしっかりオシャレに作られているかの確認が必要になります。壁沿い前提で裏側まで色が塗られていないものもあるので、気をつけてください。

また、デスクの天板はガラストップがオススメです。ネイルはどうしても溶剤を使用するので、塗料が溶けてしまったり汚れがついてしまいますよね。デザイン的に気に入ったデスクがガラストップじゃない場合は、ネットで簡単にガラストップをサイズオーダー出来ますので探してみてください。私のネイルデスクの機能面はこんな感じです。

真ん中の引き出しには大量のストーンやパーツをたっぷり収納！

左側の引き出しはお会計グッズをまとめて入れています。

その他の引き出しも
・ネイル道具ストック
・事務用品
などを収納しています。

・お客様用ネイルチェアについて

次に、お客様用のネイルチェアです。実は私、椅子が大好きなんです（笑）今まで買ってきた椅子は、ネイル以外も含めるとなんと30脚以上……気を抜くと、すぐ新しい椅子を買ってしまうので、いつも旦那さんからストップがかかるほどの変態です（笑）と、そんな椅子好きの私がオススメするネイルチェアのポイントは、

・高さ調節が出来る
・回転式
・キャスター付き
・肘置き付き

です。まず、なぜ高さ調節が出来るネイルチェアがいいのかというと、お客様の身長に合わせてベストな距離感を作りやすいからです。たとえば、身長の低いお客様だと「手が下がってしまってやりにくい……」なんて経験がありませんか？　そんなときは、椅子自体の高さを少し上げることですぐに解決されます。

次に、回転式がオススメな理由は、ネイルって約2時間ほど身体を拘束してしまうのでお客様にとってもしんどいんですよね。そんなときに回転式のチェアであれば、右手をやるときも左手をやるときも柔軟に身体ごと動かしていただけるので、お客様の身体的な負担が軽減できるんです。

さらに、キャスター付きだと「◯◯さん、少し手が遠いので少しだけ前に来れますか？」とお願いしたときに、スっと寄ってきてくださいます。これって結構重要で、以前キャスター付きじゃない椅子を使っていたときは、お客様が前に椅子を寄せるときに爪に汚れがついてしまったり、私がサポートしないといけなかったりしてすごく大変でした。

最後に肘置きが付いてることです。肘置きがあると施術していないほうの手をしっかり休めることも出来ますし、実際にお客様からも「肘置きあると嬉しい！」とよく言われます。たとえ言われなくても、無意識にリラックスできる空間づくりをすることがリピ率に関わってきますので、神は細部に宿ると言われるように細かい部分だからこそお客様が居心地のいい空間づくりをしていきましょう。私のサロンで使っているお客様用ネイルチェアはこちらです。

・**ネイリスト用ネイルチェア**

さて、最後がネイリスト用のネイルチェアですが、まず声を大にして伝えたいことがあります。「絶対に安いものはやめましょう」ということです。私たちネイリストが座る椅子は、安価なものだと3000円くらいから販売されていますよね。どうしてもネイリストさんって、ギブの心が強いので「お客様の椅子は良いものにしたい！」と思う反面、「でも自分のものは後回しでいいや」という考えの方が多いようです。

ネイル道具には毎月2万円払えるのに、これから先、毎日使う自分の椅子が2万円だと躊躇してしまうなんて方が多いんです。ですが、ちょっと待ってください。その椅子はネイリストとしてのパフォーマンスを左右する大事な身体を支える大切な椅子ですよね。

・首が痛い
・腰が痛い
・頭が痛い

ネイリストはこんな悩みを持つが故に毎月整体にお金をかけていたり、酷い人はネイリストを辞めないといけなくなるまで身体を壊してしまう方もいるほどです。だからこそ、ネイリスト用のネイルチェアは妥協するのではなく、自分のために良い物を買ってあげてください。価格で言えば1万円を超えるものを選ぶことをオススメします。

選ぶポイントとしては、

・腰のサポートがあるもの
・背もたれがあるもの
・足置きがあるもの

がとてもオススメです。この3つはダイレクトにあなたの身体を支えてくれる重要な機能になりますので、細かい説明はいらないと思います。ネイリストであるあなたの身体は資本です。自分の身体を誰よりも大切にしてあげてくださいね。

リピ率を上げる4つの要素の「空間」について、これまで私がたくさんの家具を使ってきた中で、ネイリスト目線から見てオススメしたいポイントをご紹介してきました。リピ率を上げるためだけではなく、あなた自身の身体を守るために、ネイリストとしてのパフォーマンスを最大化させるために、ぜひ、最高の家具を選んだ空間づくりに挑戦してみてください。

【オススメ家具まとめチェックリスト】

～ネイルデスクおすすめ～
- ☑ 横幅1200mm
- ☑ 奥行は450mm前後
- ☑ ネイリストが座る側に引き出しがある
- ☑ お客様が座る側もオシャレ
- ☑ 天板はガラストップ

～お客様用ネイルチェアおすすめ～
- ☑ 高さ調節出来る
- ☑ 回転式
- ☑ キャスター付き
- ☑ 肘置き付き

～ネイリスト用ネイルチェアおすすめ～
- ☑ 腰のサポートがあるもの
- ☑ 背もたれがあるもの
- ☑ 足置きがあるもの

・自宅リビングサロンの注意点

もしかするとあなたも「リビングサロンってあり？　なし？」と思ったことがありませんか？　結論から言いますと、「自宅サロンだから……」と言い訳になるようなサロン空間を作っている人は、プロとして失格ですしリピートされにくい状態を自ら作り出してしまっています。

リビングをサロンにする場合で最大の注意点としては、「生活感があるなら完全にNG」ということです。リビングサロンでも、とってもおしゃれで生活感を全く感じさせず、たくさんのお客様がご来店されるところもあるので一概には言えませんが、

・ボロボロなインテリア
・生活感がありすぎる
・家に染み付いてる独特なニオイ

など、自宅感満載のリビングサロンになっている場合は注意が必要です。なぜなら、お金を払っていただくお客様が感じる価値が落ちますし、当然そんな空間では単価が

上げにくいですし、リピートしたいとは思えないですよね。ということは、新規集客をし続けなきゃいけないですし、いくら集客してもリピートが安定しないのでネイリスト自身が苦しみ続けるわけです。

そもそも、あなたがお客様からお金をいただくなら、自宅であろうがプロとしてお客様をお迎えするネイルサロンなわけです。「お金がないから自宅のリビングそのままで……」とか「ちょっと生活感あるけど綺麗ならリビングでいいよね」とか、どう考えてもお客様に対して失礼な行為ですよね。

もちろんその状態でサロンなんて絶対にやっちゃダメ！　とは言いませんが、あなたのサロンの価値は、

・技術
・接客
・価格
・空間

これらすべての要素を含めたトータルバランスによってお客様から評価されます。なので、空間のレベルが低ければお客様からの印象も「ただの自宅リビングでやってる趣味のサロン」でしかないので、期待もワクワクも生まれない残念なサロンの仲間入りです。そんな悪い印象を与えてしまうサロンで他店よりも単価が高いなんてことが仮にあるとすれば……確実に満足度が下がりますし「2度とこのサロンには行かない……」って思われてしまいます。

万が一、今お話ししてきたような空間で自宅サロンをやっているなら、単価を大きく下げなければお客様からの高評価はいただけないはずです。でも多分、単価を下げたところで「このサロンなら安くて当たり前よね」と思われて、リピートはされないと思いますが……

今の話を聞いてあなたがドキッとする状況なら、ここからお伝えする内容を実践していかないと理想の満席サロンは実現できませんので気をつけてください。また、「私のサロンはきっと大丈夫」と思った方も、今からサロンの価値を最も手っ取り早く上げることができる空間レベルの底上げ方法を読者限定プレゼントとしてご紹介しますので、今のあなたのサロンと照らし合わせながらチェックしてみてくださいね。

ＱＲコードを読み取って、
キーワード「ayumi-nca」と入力してください。

さて、リピ率を上げる４つの要素についてボリューム感ある内容を解説してきましたが、あなた自身と重ね合わせたときにどれくらいクリア出来ていたでしょうか？
この４つの要素ごとにやるべき内容を実践することで、新規客が高確率でリピートしてくれるようになりますので、ぜひ、あなたも今すぐ実践してみてくださいね。

ちなみに私が主宰するネイルスクールＮＣＡでは「新規リピ率１００％の型」というマニュアルのようなテンプレートを用意しています。この「新規リピ率１００％の型」は、

【いつ・どんなときに・何をすれば・お客様の気持ちをプラスに出来るか？】

を具体的に順序立てて解説していますので、生徒さんは型をマネするだけで簡単にリピ率UPを実現しています。本書では詳細までの公開はできませんが、「新規リピ率100%の型」の全体像だけ公開しますね。

新規リピ率100%の型 全体像

- ご来店時
- 席にご案内
- カルテを書く場合
- カルテ無しの場合
- 他店ジェルオフ
- オフ中の確認
- プレパ完了までの確認
- カラー、デザインカウンセリング
- 施術中にやること
- フォルム補正、トップジェル
- 仕上げ・オイル塗布
- 連絡先交換／LINE誘導
- お会計
- 次回予約取り
- お見送り
- お客様に喜ばれるプラスワン

このように、ご来店時からお見送り、お客様に喜ばれるプラスワンを含むと全部で16項目あります。すべての項目において、技術だけではなく、

・サロンワーク
・接客の仕方
・話し方

などの手順を公開していますので、再現性が高いテンプレートになっています。実際に、この「新規リピ率100%の型」を使った生徒さんの変化をご紹介していきます。

まず1人目はCさんです。Cさんは「断られたらどうしよう……」と次回予約をその場で取ることが苦手で、後からお客様が次回予約の連絡をしてくれるのを待っていたんです。当時のリピ率は60%くらいで残りの40%は離客。来月の予約が埋まっていないので予定も立てづらくて、集客への不安が強く売上も安定してなかったんですね。そんな状況に危機感を感じていて、私のネイルスクールNCAに参加してくださいました。

早速「新規リピ率１００％の型」を実践していただいたところ……

・予約の取り方
・お客様への伝え方
・マインドセット

がスムーズに出来るようになり、すぐに新規リピ率１００％を達成してくれたんです！
これまでお声がけすらしんどかった状況で新規客の半分が離客していたのに……あっという間に全員がリピートしてくれるように変化したんですね。でも実はそれだけではありません。ビフォーアフターをまとめたので次ページをご覧ください。

このように、Ｃさんが変化したのはリピ率だけではありません。

・新規集客数ＵＰ
・リピ率90％超え
・時短に成功

・予約枠を増枠
・ライフスタイルの変化

Cさんご本人はリピ率に課題を感じていたわけですが、NCAに参加すると他の課

NCA受講生Cさんの事例

😭Before
・その場で次回予約を取れない
・お声がけの仕方がわからない
・次回予約率60%くらい
・残りの40%くらいは離客
・新規集客は月0～1件
・オフケア50分

😊After
・その場でお声がけが当たり前に！
・次回予約率90%超え！
・次月のスケジュールが立てやすく！
・新規集客は3ヶ月で16名！
・オフケア35分に！
・予約枠が増やせた！
・家族との時間も大切にできる！

題も見えてきて一気に解決しちゃいました。Cさんから嬉しいご感想をいただいたので、ご紹介させてください。

Cさんのご感想

いい意味でお客様に振り回されず、しがみつかず、追わず。自分のルールでサロン運営ができるようになりました！

他のみんなに比べたら人数も売上も全然だと思いますが、私にとってはいいペースでやってます！


そう思えるようになったのは、単純にお客様の数が増えたことで安定してきたこともあるとは思いますが、１番は安心感です。


結局、私はいつもここに辿り着くんですけど、NCAに入ってあゆみさんがいる安心感は大きいです。

どんな私もまるっと受け入れてもらえる安心感。特に死んでるとき😂

今までやってきたことは間違いじゃなかったし、今やってることも私なりに頑張ってやってる。

たまに休むこともあるけど、それでも私えらいぞ♡みたいに思えるようになりました🤣

こういった言葉をいただけるのは本当に嬉しいですね。ただ結果だけ変わったのではなく、マインドの変化によって、より自分を肯定出来る人生に変わっていただけたこと。こういった言葉をいただけるたびに、NCAを開校して良かったなって思います。

自宅ネイリストって本当に孤独だし、気軽に聞ける人がいなくて悩み苦しむことも多いじゃないですか。だからこそ、ただ技術やノウハウを教えてサヨウナラするような講座ではなく、無期限でずっと一緒にネイリスト人生を共にできるスクールを作ったんですね。それぞれ目標は違うし価値観も違うので、バリバリ稼ぐことだけが正解じゃない。一人一人のやりたいことを実現するために、応援し続けられる環境がNCAなんです。

さて……ちょっと熱く話しちゃいましたが、「新規リピ率100%の型」で変化した生徒さんはまだまだたくさんいらっしゃいます。次にご紹介するのはJさんです。Jさんは「自信もないし、どうやって次回予約の案内をしていいのかわからない……」と、お声がけが出来ずに次回予約が全く取れていない深刻な状況でした。新規来店があっても次回予約が取れない……これって自宅サロンをやるなら死活問題ですよね。そんなとき、Ｊさんは私のＮＣＡにご参加いただいて、衝撃的な結果を手に入れることになったんです……

その衝撃的な結果とは……ＮＣＡにご参加後あっという間にリピ率90％を達成し、売上が２倍に跳ね上がったんです！　自信がなくてお声がけが全くできなかったＪさ

NCA受講生Ｊさんの事例

Before
- その場で次回予約を取れない
- お声がけの仕方がわからない
- そもそも自信がない
- 次回予約率30%
- ワンカラー120分
- デザイン180分

After
- その場でのお声がけが当たり前に！
- マインドセットで自信がついた！
- 次回予約率90%超え！
- 新規集客は月平均２名増！
- 売上が2倍以上に！
- ワンカラー90分！
- デザイン120～１５０分！
- 身体の疲れ加減が違う
- 予約枠を増やせた
- お客様の大切な時間を増やせた

んが、「新規リピ率１００％の型」をマネしただけでその場でサラッとお声がけできるようになり、スルスルと次回予約を取れるように進化を遂げたのです。しかもそれだけではありません。Ｊさんのビフォーアフターをぜひご覧ください。

リピ率90％超え、売上2倍、これだけでも十分に素晴らしい成果ですが、Ｊさんはその他にも時短に成功し、マインドも変わり、ネイリストとしての自信を手に入れることが出来ました。先ほどのＣさんと同様に、Ｊさんご本人はリピ率に課題を感じていたわけですが、ＮＣＡに参加して満席サロンに必要なメソッドを手に入れた途端、これまで上手くいかなかったことが連鎖的に上手くいくようになったのです。Ｊさんに直接お聞きした変化の流れを見てみましょう。

・次回予約のお声掛けが全く出来なかった（営業っぽく思われたくないという思い）
↓
・新規リピ率１００％の型を使ったらリピートが取れるようになってきた
↓
・次回予約がうまくいき定期的にご来店頂くことで、割れたり浮いたりする前に付け

替えが出来るので、お爪の状態や持ちも良くなり自信が持てた

↓

・結果、「お客様の為になっている」と思えてからは、お声掛けに迷いが無くなり当たり前に次回予約を取れるように

Ｊさんと同じように「営業されたって思われたくないから次回予約のお声がけができない……」というネイリストは多いのではないでしょうか？「新規リピ率１００％の型」を取り入れたことでお声がけが順調に出来るようになり、そこから連鎖的に良い流れになっていますよね。そんなＪさんからもご感想をいただいてますのでご紹介させてください。

もし、Ｊさんが私に出会うことなくそのままの状態だったとしたら……正直、自宅サロンを存続できないほど苦しい状況になっていたのではないでしょうか。なぜなら、課題が「リピ率を上げるためのお声がけの仕方」だと思い込んでいた場合、それ以外の時短施術や時短サロンワークの必要性には気づけずに、「どう言えばいいか？」のテクニックだけを追いかけていたかもしれませんよね。でも、実際のところ、リピ率を

Jさんのご感想

あゆさんに出会ってからはとにかく一人じゃないと思えて、毎朝のあゆさんの朝ライブにやる気をもらい、発信をすると仲間がリアクションをくれて、そんな素敵な環境にいられてお陰で毎日が楽しいです♡

ネイルはもちろんですが、母として、妻として、自分としてのそれぞれの目標も持てて、今までより働いている時間は長いはずなのに、そちらにも時間を使う気持ちの余裕が持てました♡ありがとうございます♡

このままだと【これが私の限界。】と決めて、自信が持てないまま足踏みしていたんじゃないかなと思います。

今も「自信満々です！」というわけではないけれど、行動した先になりたい自分が見えてきて、継続していくうちに少しづつ成長しているのを実感できて、少しづつ変わるのが楽しい＆嬉しくて、また新たな目標ができて頑張れる♪と、ポジティブに前に進もうと出来るようになりました☺

誰よりも行動力を背中で見せてくれるあゆさん、一緒に試行錯誤しながら成長できるスクールの皆さんと出会えた私はラッキーだと思います♡

上げるためには「どう言えばいいか？」のテクニックだけではなく、

・「技術があれば成功する」は間違い
・「丁寧＝時間をかける」は間違い
・「嫌われたくないから言わない」は間違い
・リピ率を上げる４つの要素
・時短施術
・時短サロンワーク

これらすべての要素がリピ率を上げるためには必要なんです。

「リピ率を上げるために、リピ率だけを追いかけたら上手くいかない」
「リピ率を上げたいなら、どう言うか？　の前に、どんな状態で言うか？　を極める」

私が10年連続で満席サロンを経営してきた中で、リピ率１００％にするための真髄がこの言葉です。リピ率を上げるためには複数の要素がクリアになっていることが必要で、それができるからこそお客様の満足度が上がり、満足度が高い状態だからこそ、次回予約を取る「どう言えばいいか？」が簡単に刺さってリピ率１００％になるということです。

さて、ここまでお話ししてきた【ＳＴＥＰ２ 時短サロンワーク&リピート施策の実践】のまとめですが、

・時短施術
・時短サロンワーク
・リピ率を上げる４つの要素
・新規リピ率１００％の型

について細かく解説してきました。私が教えている時短メソッドは「私たちネイリストの体が楽になる時短術なのに、お客様も大満足でリピートしてくれる」ので、いいこと尽くしのメソッドなんです。

ただ、リピ率100%の満席サロンにするのって技術だけじゃ無理だということはご理解いただけたはずです。だから私はいつも「技術を極めようとするネイリストは上手くいかない」と言ってるんですね。

正直「やることたくさんあって、なんか私には無理そうだな……」と思った人もいるかもしれません。でも、だからこそ、私だけじゃなく全国のネイリストがリピ率100%の満席サロンを実現してほしくて、私の10年間のノウハウを継承するためのネイルスクールを開校したんです。先ほどのCさんやJさんの変化を見ていただければ、いとも簡単にリピ率UPを実現していることが証明されているはずです。

私はこれからも、技術だけを極めさせるような教え方は絶対にしません。自宅ネイルサロンの成功は、ネイリストの自己満で技術を極めることではなく、お客様目線の総合力が必要になるからです。

STEP3 実践と反復で売上の天井を破壊

リピ率100%満席サロンを実現するための3つのSTEP、最後の3つ目は、「実践と反復で売上の天井を破壊」です。

STEP1で新規集客動線を整えて、STEP2で時短サロンワークとリピ率を上げる施策を実践していくと、実践をするからこそ見えてくる課題があります。実はこの課題、ほとんどの自宅ネイリストが同じような課題にぶつかるんですね。なぜそう言い切れるかというと、ネイリスト講師として1000名以上のネイリストをサポートしてきた中で出てくる課題が同じような内容だからです。

この課題は、STEP1、STEP2とお教えしている内容の習熟レベルに応じてクリアできますので、実践と反復を重ねていくことで時短レベルやリピ率が上がって、最終的には理想のお客様だけで満席になっていきます。

満席になれば「ご新規様お断り状態」の人気サロンとしてブランド力が強くなりますので、そのタイミングで単価を上げ、それでも通い続けていただける最高のお客様だけをリピーターにして、理想の収益を効率的に上げられる満席サロンを実現していきましょう。

とはいえ、正しい解決策がわからなければ、しなくてもいいミスや失敗をしてしまったり、お客様の信用を失うようなトラブルに繋がってしまいますよね。そこで私のネイルスクールでは、よくある課題を事前にピックアップして、経験が少ないネイリストでも、ある程度経験があるネイリストでも、一つ一つ着実に課題を解決できるようにしています。

実際に、受講生さんのYさんは、STEP1とSTEP2をクリアしてからSTEP3の実践と反復をしたことで、売上の天井を次から次へと破壊して売れっ子ネイリストに成長されました。

この変化、すごいですよね。もちろん、すぐにすべての成果を手に入れたわけではありません。YさんはSTEP1~STEP3を着実に実践しながら、出てきた課題に対して実践を繰り返していくことで、大きな成長と成果を手に入れてくれました。

ここでのワンポイントアドバイスは、どこかで学んだとしても、実際にやってみたとしても、自分がやってることが正解かどうかってわからないですよね？　なので、一番正確で一番の近道になるのは、その道のプロに「今の状況に合った解決策」をアドバイスしてもらうことです。この正しい軌道修正がされずに間違った状態で続けて

NCA受講生Ｙさんの事例

- ワンカラーオフオン120分
  →75分～90分達成！
- オフオフアート込150分
  →100分～120分達成！
- 予約件数が月30件程
  →月50件超え！
- リピート率50%程度
  →90%以上！
- 物販売上、年間2万円弱
  →40万円超え！
- 単価 ¥1,000以上UP！
- ダブルワークで働いていたパートを辞められた！

しまうと、お客様に迷惑もかかりますし、当然リピートしてくれない結果を生みだしますよね。

たとえば、高校受験や大学受験のために塾に通う子供たちが、なぜ有名な高校や大学に進学できると思いますか？　それは塾の先生が、一人一人の生徒の状況や性格に合った学習方法を教えてくれて、間違ってたらその場ですぐに修正と解決策を教えてくれるからですよね。誰にでも当てはまるようなざっくりした一般論ではなく、一人一人の状況に合わせた解決策を打ち出すからこそ、子供が効率的に成長して有名な学校に合格できるわけです。

これはネイルだって同じです。新たな学びを自分のものにするためには、必ずその道のプロから「答え合わせ」や「アドバイス」を直接してもらえる環境に身を置くことが、理想を叶えるための重要なポイントになります。ＳＴＥＰ３の「実践と反復で売上の天井を破壊」では、実践→課題→プロにフィードバックをもらう→実践のＰＤＣＡを積極的に回していきましょう。

一対多だと自分の課題と解決策が
見つかりにくいけど、
一対一なら自分の課題と解決策が
見つかりやすい！

ネイリストも同じで、
自分の課題と解決策を
プロに聞ける環境に属することが、
一番正確で一番の近道になる。

さて……ここまで「リピ率１００％満席サロンを実現するための３つのＳＴＥＰ」を解説してきましたが、ここまできたらあなたが満席サロンを実現するのは目の前です。

いよいよ次の４章で私の時短施術を実際に公開していきますので、あなたも実際に施術を練習する準備をして読み進めていってください。

4

時短リアルスピード動画公開&ポイント解説

この章では、私が実際に施術している動画をご覧いただきリアルスピードを確認していただきながら、時短ポイントとなる重要な部分をピックアップしてイラストを使った解説をしていきます。今回、公開する動画は３つあります。

・ファイリングリアルスピード
・ハンドオフのみ35分リアルスピード
・フットワンカラー50分リアルスピード

ファイリングとハンドオフはほとんどのお客様で施術する工程になるので、この動画と解説を見た後に実践していただければ、すぐに成果を出していただけるはずです。フットについては、ほとんどのネイリストが「夏のメニューかな」という認識を持っていますが、「夏だけ訴求すればいい」という考えはオススメしません。なぜなら、フットこそ通年で客単価を上げられる売上ＵＰには欠かせないメニューになるからです。詳細については、後ほどフットのパートでお伝えしますね。

この章では、実際にノウハウを習得していただくために次の手順で進めてください。

【本章を進める手順】
まずは動画を最後まで見る（ＱＲコード読み込み）
↓
本書で解説を読み、理解を深めながら動画を繰り返し見る
↓
実際に練習してみる
↓
お客様に実践

では早速、１つ目の「ファイリングリアルスピード」からいきましょう。

ファイリングリアルスピード

【ファイリングリアルスピード ポイント解説】

●ニッパーNG、マシン＋ファイル（動画４分３９秒 ～ ５分１６秒）

～キーポイント～

・マシンのビットを使って爪の長さを短くする
・ファイルでやろうとすると、多くのエネルギーを使うからオススメしない
・ニッパーでパチンと切ると先端から空気が入って、ジェルネイルと自爪が分離してしまう可能性があるのでオススメしない

ジェルネイルを爪切りで切るリスク

割れる・剥がれる

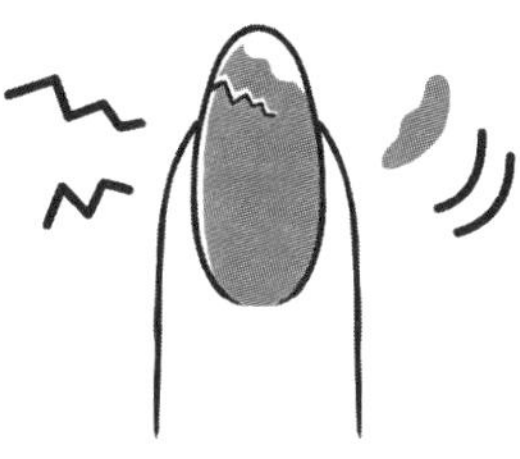

グリーンネイルになるリスクがUP!

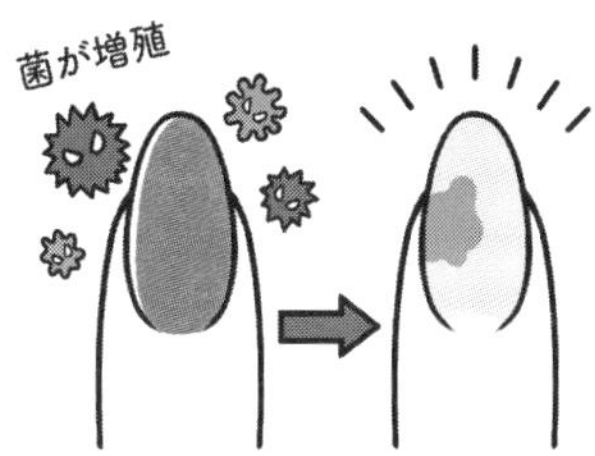

自爪が割れる

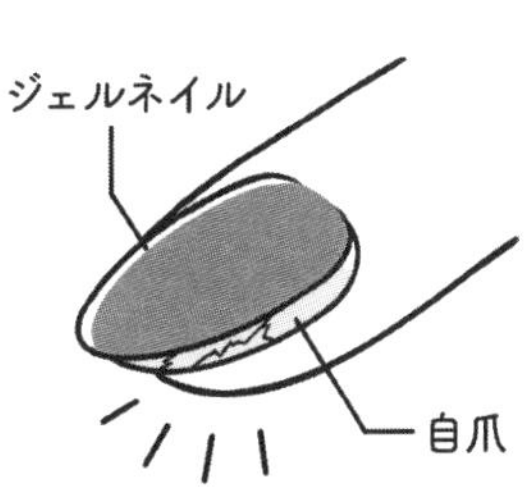

二枚爪になってしまう

～補足ポイント～

「このやり方がなぜいいのか?」の知識を、お客様にも共有しておきましょう。特に、仕事柄、常に爪を短くしておきたい方だったり、体調不良などでネイルの適正周期を逃して伸び伸びになってしまう方は、この知識を知らずに爪切りでカットしてしまう可能性があります。

カットしてしまうことで持ちが悪くなったり、先端から髪の毛が挟まったりするようになる可能性が上がるので、「あのサロンでネイルするとダメだなぁ……」のように、施術時はクオリティーが高いネイルを施していても、結果として満足度が下がってしまうんです。満足度が下がるということは、リピートされずに離客する可能性も上がりますよね。これはさすがにネイリストからすれば本望じゃないですし、絶対に避けたいところです。

でも逆に、爪が長くなりすぎて困った時のホームメンテナンスの方法をお客様に教えることで、信頼や好感度に繋がりリピート率を上げることが出来ます。たとえば、「美容院に行った日はすっごく可愛いお気に入りの髪型だったのに、自分でセットすると全然上手くいかない……」みたいなことって、美容院あるあるですよね？　ネイルも同じで、「おうちで困った時に何をすればいいのか？」のアフターケアまで教えてくれるネイルサロンがあったら、好感度も上がるし信頼に繋がるのは間違いありません。

このように、お客様から見た時の「あったらいいな」という部分を先回りして提供すれば、ネイルの施術以外でお客様の心を掴めるので、リピ率を上げる施策としてもかなりオススメです。

～上級テクニック～

ここで一つ、知っておくと役立つ上級テクニックです。フットの場合はマシンで爪の長さを調整するのは危険なので、理想の長さより控えめに爪切りでカットしちゃっても大丈夫です。なぜ、フットの長さ調整でマシンが危険なのか？　というと、まず、手の場合はフリーエッジが指先からある程度出ていることが多いので、マシンで伸びた部分を削っても指の先端にビッドが当たりづらいので問題ありません。ただ、足の爪は指先よりほんの少しフリーエッジがあるくらいなので、マシンを使うと肌にビッドが当たってしまう危険性が高いからです。

《手と足の上級テクニック》

手の場合

マシンで伸びた部分を削っても
指の先端にビットが当たりづらい

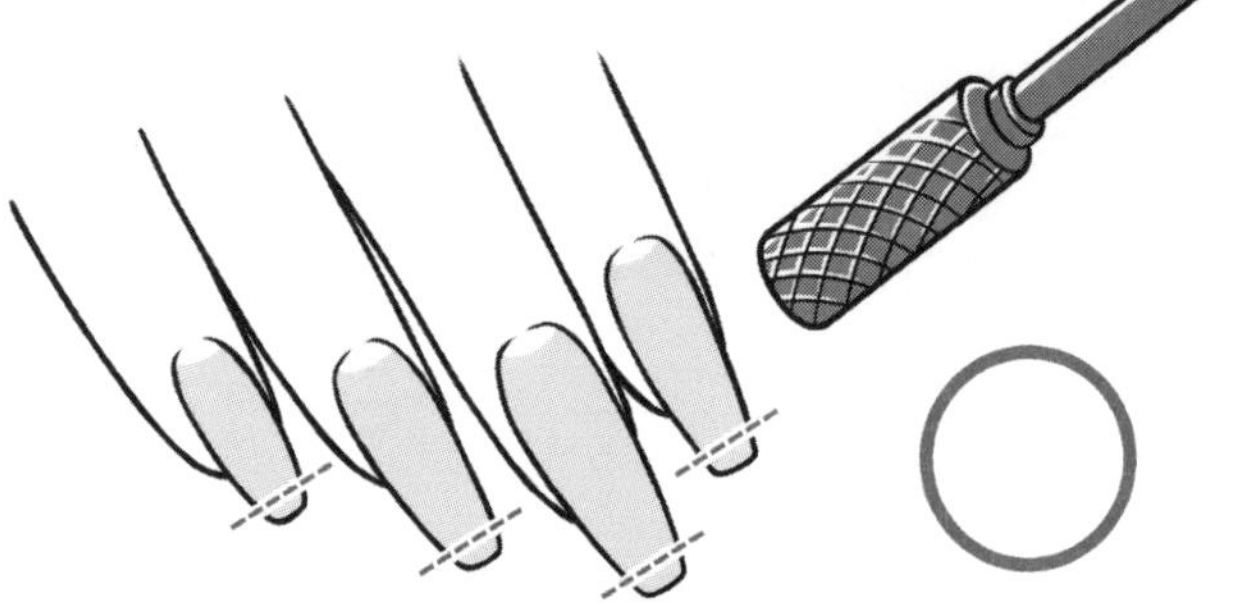

足の場合

手と比べて伸びてる範囲が短く、マシンで削ると
指の先端にビットがあたる可能性が高い！

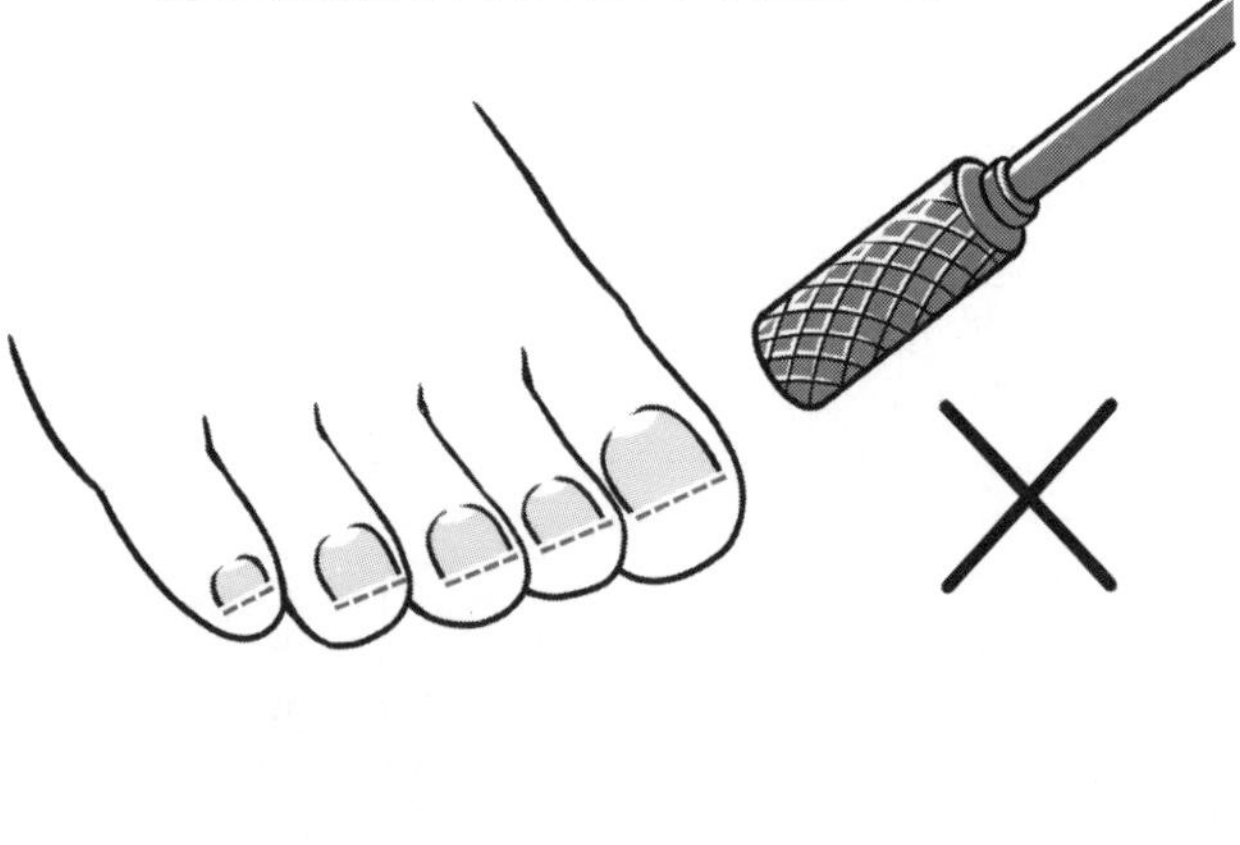

でも足の爪は手の爪より厚みがあるので、ファイルで削ろうとすると物凄く大変なんですよね。そのため私は、爪切りを足の爪に使用しています。

「え!? 爪切り使うと、先端から空気が入ってリフトしちゃうんじゃないの?」と思った人は素晴らしいですね。その通りで、爪切りを使うと先端に多少の空気が入ります。でも、足の親指の爪は手と比べると厚みがあるので、ファイリングだけで短くしようとするとかなり労力がかかって大変じゃないですか。なので、先端浮きを起こしてでも爪切りで控えめにカットしておいて、その後のファイリングで長さを整えるという方法が時短の上級テクニックになります。慣れてきたらチャレンジしてみてください。

【時短できる足の爪のファイリングまとめ】
まずは爪切りである程度、爪を短くする
↓
もしリフトしたらマシンで取り除く
↓
角を取ったり形の微調整でファイルを使う

ちなみに、足の爪に爪切りを使う理由はもう1つあります。それは、ファイリング時に受けるお客様の不快感を減らすためです。足の爪って先程も言った通り厚みもありますし、手の爪と比較すると親指以外の爪は小さいですよね。足の爪をファイリングする時にお客様の足を支える力が不十分だと、削る振動がダイレクトに足指に響いてしまってお客様が不快感を抱きやすいんです。そのため、ファイルで削るボリュームや時間による不快感を抑える目的で最初に爪切りを使うことをオススメします。

以上、まとめると、私は爪切りを使うことのメリットデメリットを理解した上で次のように施術しています。

・手の爪には爪切りを使わず、マシン＋ファイル
・足の爪の長さ調整は、まず控えめに爪切りを使用し、その後にファイルで整える
・足の爪切りで万が一リフトした場合はマシンで取り除く

最後に、爪切りを使うメリットデメリットと、ファイリングのメリットデメリットを書いておきますので、頭に入れた上でベストな方法を実施しましょう。

爪切りを使うメリット

・長さを一気に短く出来る
＝施術時間の短縮ができる

爪切りを使うデメリット

・フィルインの場合、先端から
リフトする可能性がある

ファイリングのメリット

・繊細なファイルコントロール
が可能
・自爪、ジェルネイルの層を
分離することなく短く出来る

ファイリングのデメリット

・細かいダストが出てしまう
・厚み、長さがある爪だと
時間とエネルギーがかかる
・足の爪の場合はお客様が
不快感を抱きやすい

●マシンで短くしてファイリングで整える（動画5分16秒～6分36秒）

～キーポイント～

・長さをマシンで短くできるようになるととても便利で、一緒に厚みまでを取ることができる
・フィルインを繰り返しても分厚くならない

・デブなお爪になってしまうお客様には特にオススメ
・長さをマシンで短くしたら、ファイリングでご希望の形に近づけていく
・古くなったファイルを使い続けるのはＮＧ
※「全然削れないんですー」と相談を受けてファイルを見るとだいたいこれ
・摩耗しやすいファイルもあるため、「効果が薄れたかな？　削りにくいかな？」と思ったらすぐ新しいものに変える

●爪を削る順番（動画６分４３秒　～　７分５４秒）
～キーポイント～
・爪を削る時の順番は、中指から削るのがポイント（小指から削るのは非効率）
・バランスよく10本削れない場合は、削る順番にポイントがある
・小指のサイズは小さすぎるので全体のベースにならない
・中指を全体のベースとして綺麗な形を作り、人差し指↓薬指↓親指↓小指へ進んでいくのが綺麗な形を整えるポイント
※中指は横幅が広く、ペンだこなどで湾曲している場合もあるので、形が取りづらい。

《10本の爪を削る順番&全体バランス》

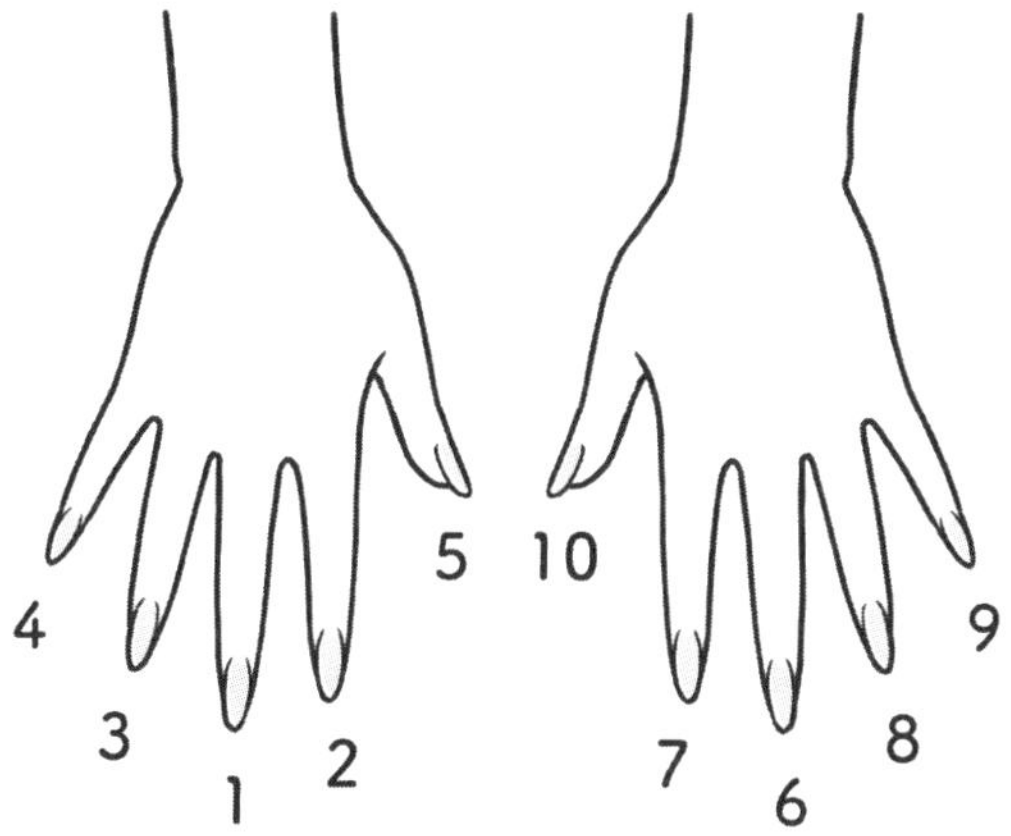

爪の大きさが違っても縦横の比率を揃えること!

➡バランスよく仕上がる

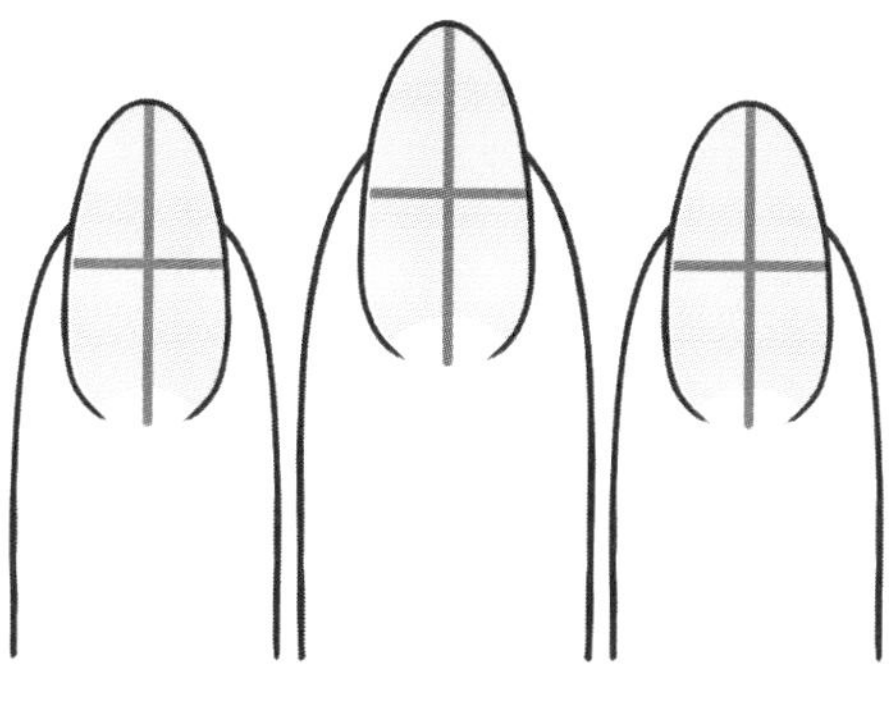

●美しい爪の形（動画8分38秒 ～ 9分21秒）

～キーポイント～

・爪の形は「丸く丸く」を意識して仕上げる

・爪はどこから見ても、基本的に直線はない

・美しい女性らしい形を作りたい目標に対して、丸い線で繋げていく

・10本の長さを取る→厚みを取る→片手5本のファイリング＝5分で終わらせる

・目標は1本1分でファイリングできれば合格

～補足ポイント～

ファイリングのポイントは「円」をイメージして削ることです。なぜなら、人体に直線は存在しないですし、女性なら曲線美と言われるほど曲線による美しさが謳われるほどです。爪を削る時に使うファイルそのものは「物」なので直線ですが、円の動きを意識してファイリングすることで今まで気づけなかった感覚や理想像が見えてくるかもしれません。

たとえば、「ファイリングが苦手……」という方の多くは、この円の動きが出来てい

《様々な角度から見た爪の曲線OKとNG》

OK

どの角度から見ても凹みのない
綺麗な曲線になっている

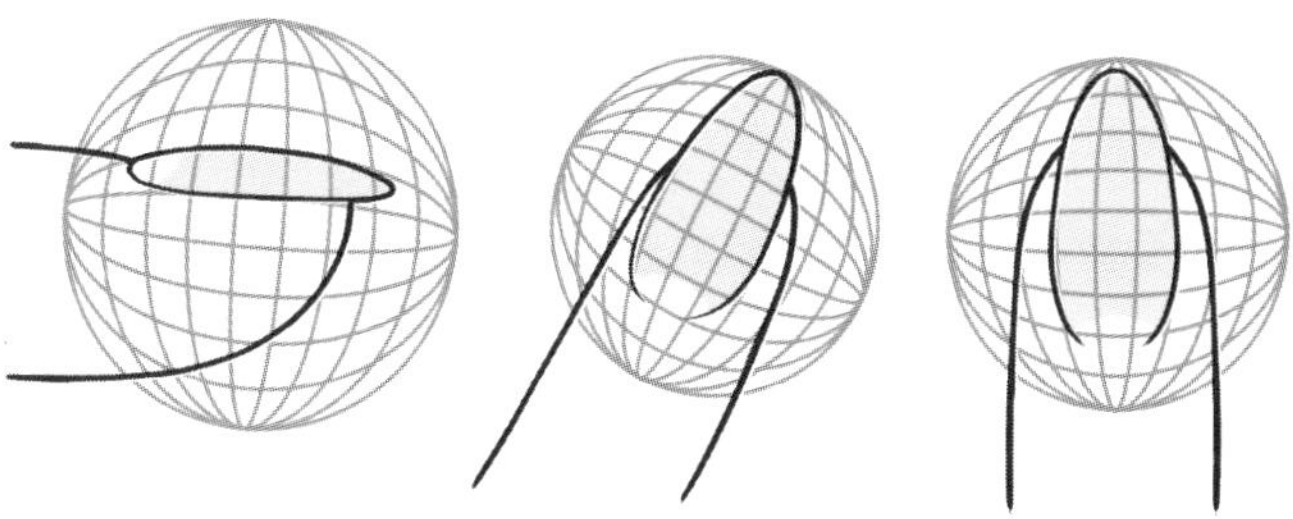

NG

どの角度から見ても凹みがあり
綺麗な曲線になっていない

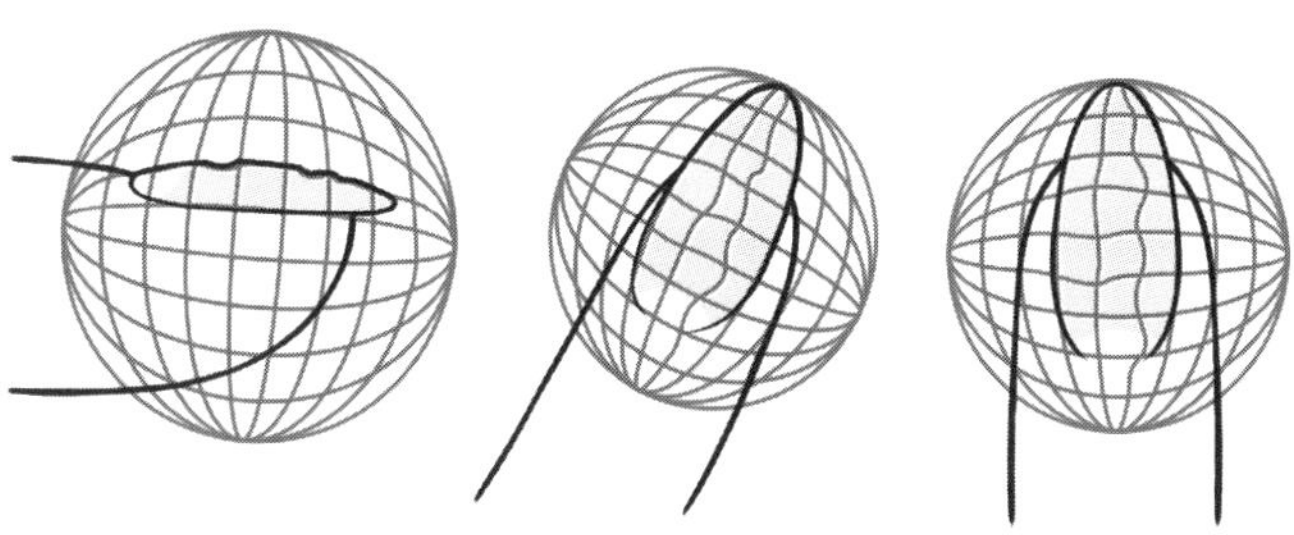

なくて凹みが出来てしまったり、角が出来てしまっている方がほとんどなんですね。もっというと「円を平面でしか捉えられていない」んです。とにかくあなたにイメージしてもらいたいのは「円球」です。これは、

・フリーエッジを滑らかな形に整える時
・サイドストレートを取りながら爪先へ繋げる時
・ジェルでフォルムを作る時

すべての工程で必ずイメージして実施するようにしてください。人間の脳は「イメージしたものを創る」ことに長けていますが、逆に「イメージ出来ていないものは創れない」んです。実際に私が生徒さんにファイリングを教える時、

あゆみ「今、どんな形をゴールにして削ってる?」

と聞くと、

生徒さん「え？　とりあえずガタガタの所を繫げてます……」

と言われる事が多いんです。このままの意識でやり続けたところで、削っても削ってもどこかが凹み、ガタガタになり、全体のバランスが整わない……なんてことが一生続きます。ファイリングが苦手なネイリストがどんどん生まれていくでしょう。

でも、今この本を手にとってくれているあなたはもう大丈夫です。もしあなたも同じような状況から抜け出せずに困っていたのなら、まずは頭の中でこれから施術するネイルのゴールを設定して「円をイメージ」しながらファイリングをしてみてください。そうすると……イメージしただけで美しい形を削ることが出来るようになって、「え！イメージしてただけなのに！」と、驚く方もたくさんいるはずです。

ファイリングが苦手な人や、苦手までいかないけどピンと来てない人に足りないのは、技術力ではないかもしれませんよ。「円をイメージして削る」これが出来るようになるだけで、うまく行かない迷路から一瞬で抜け出せるかもしれません。ファイリングを今すぐ上達させたい人は、ぜひやってみてくださいね！

●検定通り削るのはNG（動画9分28秒 ～ 10分34秒）

～キーポイント～

・検定通りで削ってる人は、直線的な硬い動きで削るのでうまく削れない
・力の抜け方がうまく爪に作用してなかったり、そもそも支えが出来てないなどの理由でうまく削れない
・検定の削り方をサロンワーク方式に落とし込んでいくことで、早くて美しいバランスの良い仕上げが出来るようになる
・この方法は1人で出来るようになるのは難しい。プロから直接教わって実際のスピード感や細かいコツを学ぶべし

～補足ポイント～

私と同じファイルを使っているのに「全然削れません！」と言われることがあります。

その場合に考えられる原因としては、

・ファイルの摩耗状態
・しっかり爪を支えられていなくて、削るエネルギーが逃げてしまっている

という2つが考えられます。ファイリングする時に大切な事が2つあって、「正しく削る力」と「正しく支える力」です。

【正しく削る力とは】
爪を削る際、ファイルに力をかけることで爪を削るため、その力が逃げることなく爪に集中することで効率的に削ることができる。

【正しく支える力とは】
お客様の指や爪を支え、しっかりとファイルを当てることで力が逃げることなく爪に伝わり、効果的に削ることができる。

このやり方ができずに、支えが不十分だったり力が逃げてしまうと、削りたい箇所に十分な力が伝わらずうまく削れない結果を生み出します。なので、「正しく削る力」と「正しく支える力」を理解して習得することが必要です。

もしかすると「ちゃんとお客様の指、持って支えてるけどな……」と思ったかもしれません。でも、【ファイルの削る力を逃がさないように支える】ということを意識して出来ていますか？　先ほどのように私に「全然削れません！」とご相談いただく方は、だいたいこのポイントを意識して削れている方が少ないです。

ネイルって様々な技術や方法論がありますが、どの行程をするにしても人によって上手い下手の差が出てしまうのは、その行程で最大限のパフォーマンスを出すための知識を知っているかどうか？　という部分に差があるからです。

ネイリストってよくインスタやYouTubeで技術の動画を見て学んでる人が多いじゃないですか。でも結局それって「学んでるつもり」なんですよね。なぜなら、こういったネット上の動画を見て学んでる人に多いのが、表面上のやり方を知っただけなので実際にやってみると上手くいかないというパターンです。本物のノウハウって表面上ではなく、もっと深いところにありますからね。インスタやYouTubeを見ても上手くいかない人は、お客様に失礼があってからでは遅いので、しっかり自分に自己投資してプロから直接教わるようにしましょう。

《支える力を意識していない持ち方》

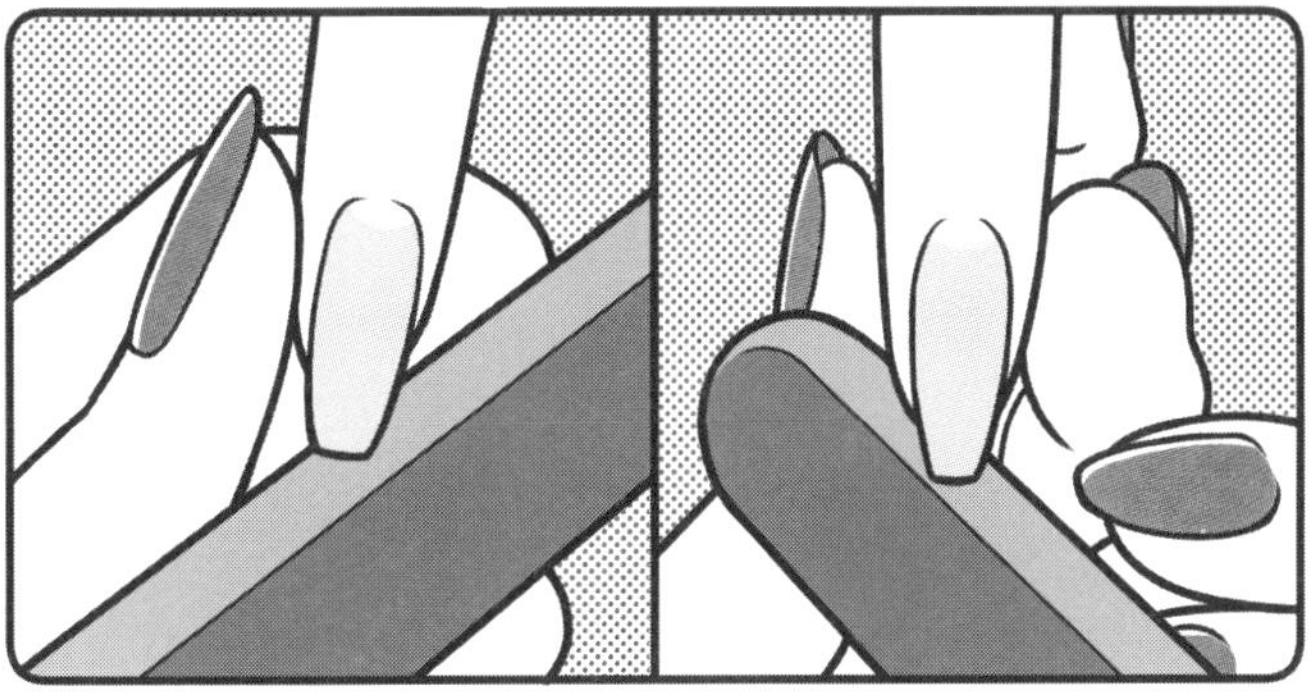

《支える力を意識している持ち方》

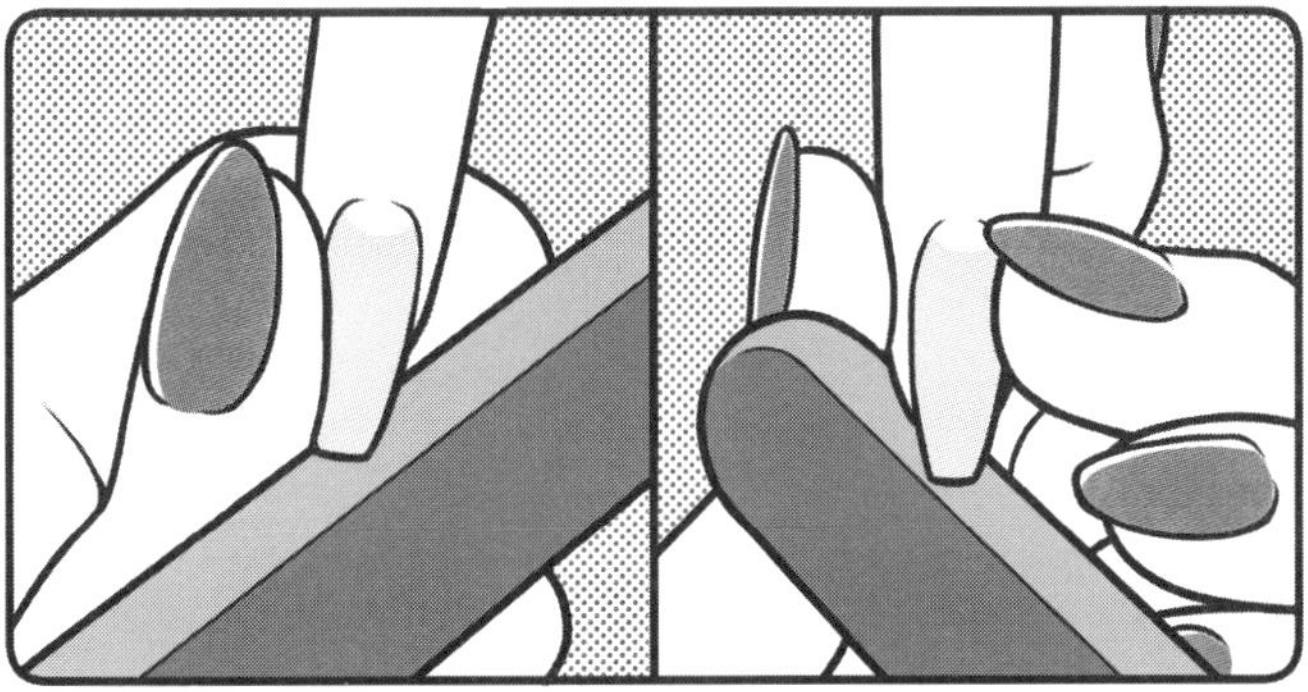

↖親指・中指↗が支える位置に注目！

●両手の仕上がり確認（動画11分11秒 ～ 12分23秒）

～キーポイント～

・10本削り終わったら両方の爪の形や長さが同じかを確認

・両手を揃えて見ると意外とズレがあるので、必ず両手を重ねて確認してから微調整する

・最終確認は手のひらを上にして、お客様側に指を曲げてもらって確認していただく

・お客様視点から見たファイルの形がどんなふうに見えるか？　バランスが整っているかを確認する

《最終確認のやり方》

●親指はピッタリと合わせて確認。キューティクルラインと左右で丸みのカーブが揃っているかをチェック。

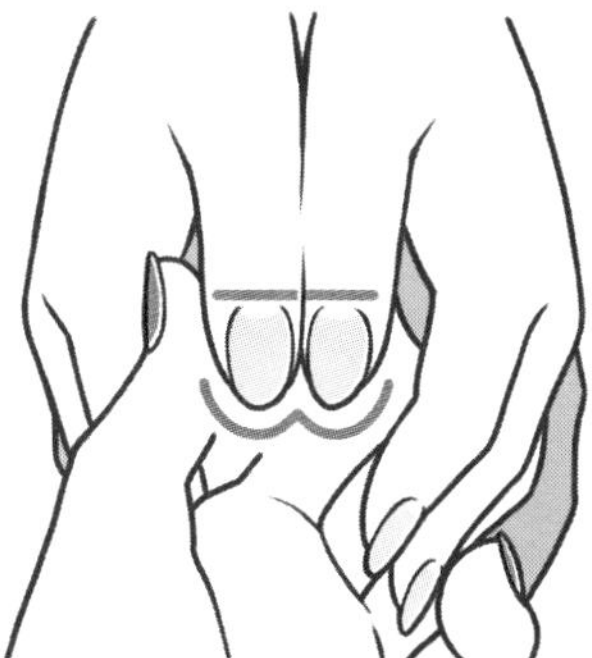

●中指、薬指、小指は両手を重ねて確認。同様にキューティクルライン、カーブが揃っているかチェック!

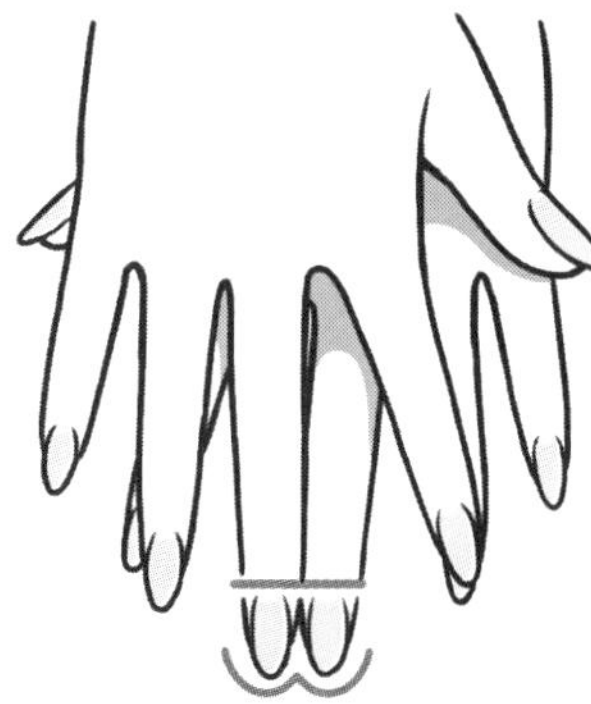

●最終確認は、手のひらを上に向け指を曲げてもらい、お客様から見て歪みがないかチェック。キューティクルライン、カーブを揃えること。

《NG例》

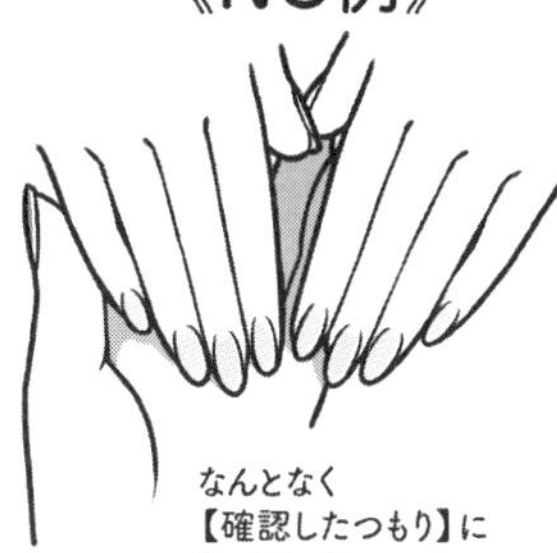

なんとなく
【確認したつもり】に
なっている

ハンドオフのみ35分リアルスピード

【ハンドオフのみ35分リアルスピード ポイント解説】

●オフはマシン＋時短アセトンが◎（動画６分５３秒～９分２３秒）

～キーポイント～

・ハンドオフのみは、フィルインと違って綺麗にベースを一層残さなくていい
・アセトンで完全オフする
・マシンの完全オフは自爪へのダメージが大きくなりがちなので余程のプロ以外はＮＧ
・出来るだけベースジェルを薄く削る
・どんなに溶けにくいジェルも、すぐ溶けるくらいの薄さに削るから関係ない
・「マシンが苦手」「自爪ギリギリまで削ることが出来ない」人はオフに時間がかかる

・マシンワークを極めれば、綺麗なフィルインも完全オフも早く上手に仕上がる

～補足ポイント～

ベースジェルがほとんどなくなり、自爪がほんの少しのぞく程度にまでマシンで削れると、アセトンでジェルを溶かす時間がかなり短くなって時短施術に繋がります。ただ、マシンワークが未熟な人は爪を掘ってしまう可能性があるので、慣れないうちは絶対に無理をしないようにしてください。しっかり練習して自信が付いてからお客様に実践しましょう。

●オフの極意（動画9分33秒 ～ 18分07秒）

～キーポイント～

・より早くオフしたい人は不要なフリーエッジを爪切りでカットしてしまうのもOK！　敢えて先端リフトを引き起こす事で溶けにくいフリーエッジ部分のジェルオフが早く終わる裏技

・ベースジェル、トップ、カラーがある時点での爪切りは、ダメージが大きいのでオススメしないが、マシンである程度の薄さにしてから爪の先端の長さを爪切

《マシンでジェルをどのくらい薄く削るかの目安》

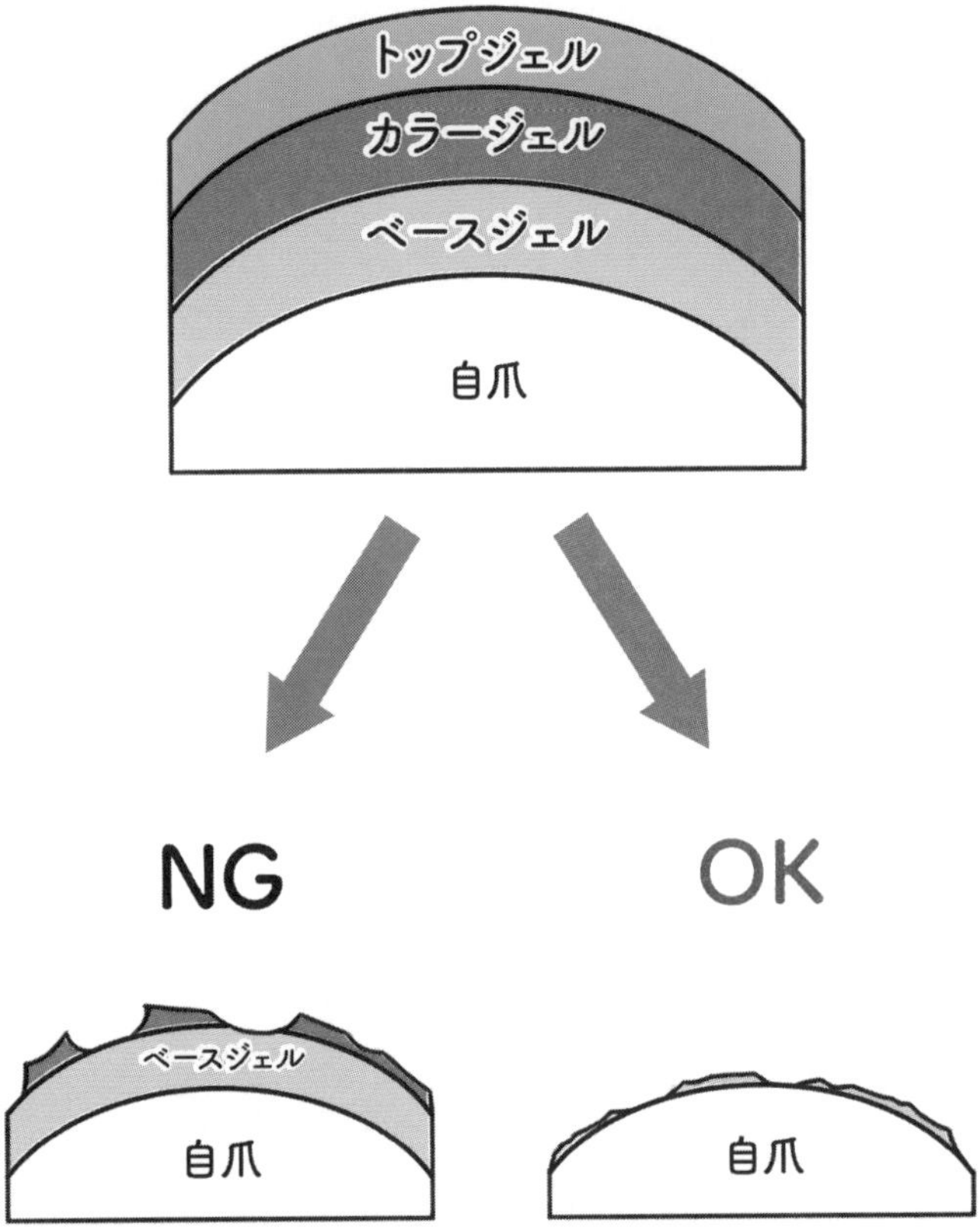

ベースの厚みがあると
アセトンで溶かすのに時間がかかる。

ベースを限りなく薄く削るマシンワーク
を習得すればどんなベースジェルでも
素早くオフ出来る。

りで整えるのは、オフを少しだけ早く仕上げられるのでテクニックとして知っておくといい

・「必ずすべてマシンでジェルを薄くしてアセトンを使って溶かして取らなければいけない」というルールは無いので、しっかり浮きが見られるような箇所はマシンで薄くした後、ピンセットなどで少しサポートしてあげると簡単にポロっと取れることもある

・アセトンは皮膚を乾燥させてしまうくらい強い溶剤のため、キューティクルオイルで皮膚を保護する

・ピュアアセトン100%だと、アセトンを取った時に爪が真っ白になってしまうことがある（肌に優しく、爪が白くなりづらいアセトンを選択すると良い）

・右手のジェルを薄くする工程が終わったらアセトンで包み溶かしている間に、左手のジェルを薄くする工程へ

・アセトンは大体8分間ぐらい置く（あゆみの場合）

※ジェルを薄く削るのが苦手な方はもう少し時間がかかる可能性あり

アセトンを最小限に！
オイルでしっかり保護！

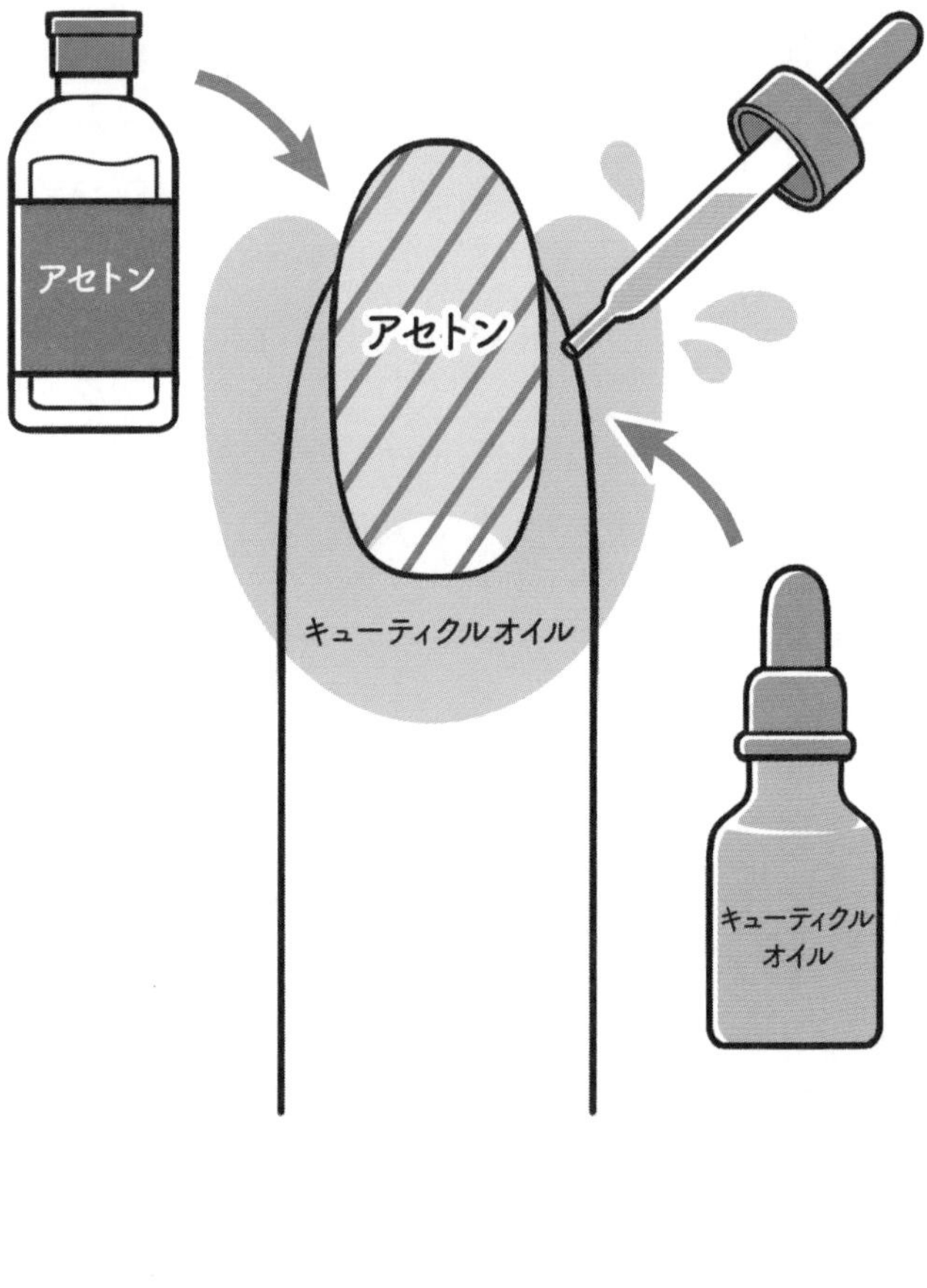

●効率的なアセトンオフの流れ（動画18分07秒～22分30秒）

～キーポイント～

・プッシャーのカップのほうで優しく優しく爪を撫でながら柔らかくなったジェルを取る
・端から全部アセトンのアルミを外すのはNG
・1本ずつアルミを取り、スピーディーに柔らかくなったジェルを取ったら、スポンジファイルなどでならす
・この一連の作業が遅いとアセトンがどんどん揮発していき、せっかくふやけたジェルが再度固まり出すのでオフがしづらくなるので注意
・マシンでジェルを1mmも残してないくらいにしてアセトンを巻いてるので、プッシャーをかけても溶け残ったジェルがそんなに出ない
・一度のアルミ巻きでベースジェルがすべて溶けずに取り切れない時はマシンワークを練習し、もう少しギリギリまでベースを削れる練習をする（何度もアルミを巻く作業はお客様の満足度を下げてしまう危険がある）
・アセトンは温かい方が効果を発揮するので冬などお客様の手先が冷たい時はジェルの溶けが悪くなる→お客様の手を温めてあげる工夫もOK

・右手のジェルオフが終わったらそのままファイリング→ケア→仕上げまでする事で、左手のジェルをしっかり溶かしていく→時短に繋がる

●オフのみの爪の長さは要注意（動画22分37秒 ～ 32分39秒）

～キーポイント～

・ファイリングしながら「お爪の長さはどうしますか？」とお客様に聞き、オフのみで「少し長めにしたいお客様」は要注意

～補足ポイント～

オフのみで爪の長さを少し長めでご希望のお客様は要注意です。なぜなら、ジェルがついた強度感に慣れていて、どうしても美しい爪を保ちたい心理で「少し長めで」と言ってきているんです。でも、ここでお客様に言われるままに長めに仕上げてしまうと、1週間以内に折れた……とか、欠けちゃった……などのトラブルを起こしやすくなります。

もしこうなってしまったら、お客様は「えー！　折れたんだけど！」とか、「やっぱ

《効率的な施術工程を意識しよう》

片手を溶かしている間に、反対の手を終わらせていく

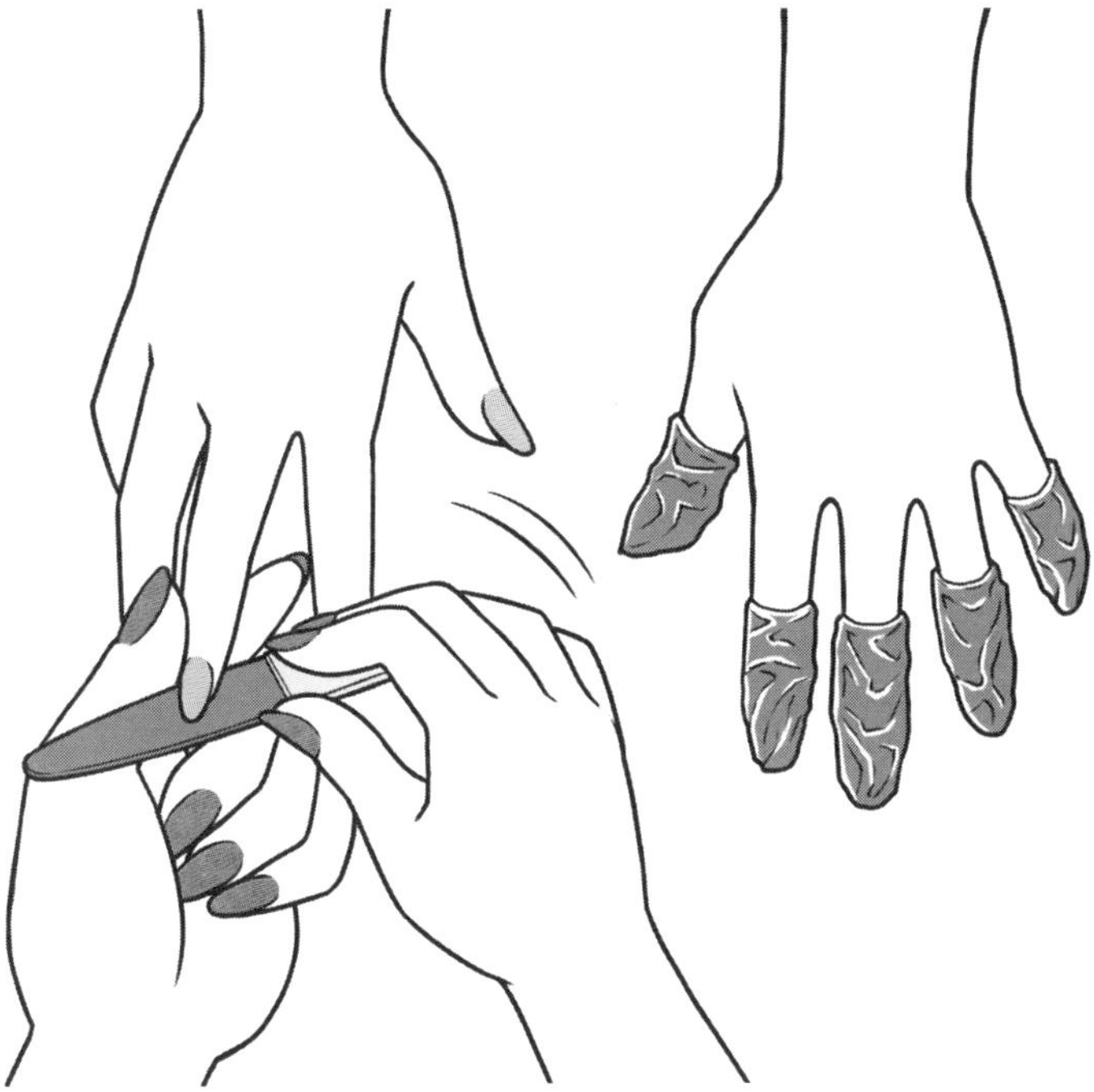

①右手削る、アセトン巻く
②左手削る、アセトン巻く
③右手ジェルオフ、ファイリング、ケア、仕上げまで
④左手ジェルオフ、ファイリング、ケア、仕上げまで

りネイルしてたから爪が弱くなったのかな……ショック……」など、オフをしてからわずか1週間くらいで爪がボロボロになる現実を目の当たりにするわけです。当然、あなたのサロンのイメージは悪くなりますし、お客様によってはクレームを入れてくる方もいらっしゃいます。

そこで私がオフのみのお客様に推奨しているのが「短め」です。でも、そこには理由づけがないとお客様は納得してくれませんので、このように伝えていきます。

「短めにした方がいい理由は、今回、私が綺麗に整えたお爪を長く楽しんでもらいたい気持ちもありますし、もちろん当店ではお爪を削らないジェルを使っておりますが、ジェルネイルをするということ自体が爪へのダメージはゼロではありませんので、今オフしたばかりの爪は多少なりとも薄くなってる状態です。(当たり前のことだから自信持って言う) 必要以上にダメージは入れておりませんが、そもそもお爪というのは自爪で長い状態を保てる作りではないんですね。なので、今回ジェルを乗せないのならお爪が短い状態でお帰ししたいと思っていますが、いかがでしょうか? 短めでも綺麗なファイリングで、さらに欠けにくく折れにくい長さにしてお帰ししますね」

《オフのみ時は短めに整えるのがおすすめ》

来店後も長持ちする
自然で綺麗な爪
↓
ネイリストへの信頼感UP
↓
また機会があれば
行きたくなる

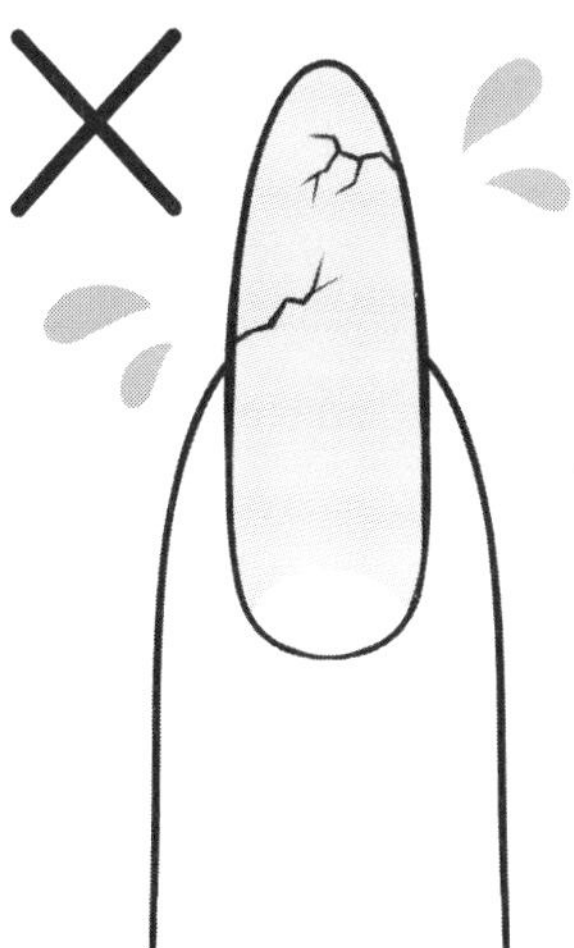

来店後すぐ割れる、欠ける
↓
ネイルへのイメージが悪くなる
↓
またやるとしてもサロンを
変えられる可能性あり

というように、しっかりと理由や根拠を添えて、さらにより良い状態をイメージしていただく説明をするのがオススメです。

最後はしっかり保湿の意味も含めてオイルを塗って終わります。特にオフの後は乾燥もしやすいですし、オフのみの状態に爪が慣れてないこともあるので、保湿をしてあげながら「ネイルがなくなって服を着てない状態のお爪にしっかり保湿をして栄養を与えて、健康な爪を生やしていってくださいね」というトークを入れつつ店販に繋げることも出来るので、ここまでの流れでネイルのプロとしての信頼を獲得しながら最後にアプローチしてみてください。

オフのみでお帰りいただくお客様に関しては、もう少し単価や時間をかけていいならウォーターケアを取り入れると、お客様の満足度も上がるのでオススメです。

～ネイルサロンを経営の観点から考える～

ちなみに、私がオフのケアをマシンでしていると「オフのケアの時にマシンでやるとまた爪に傷が入りませんか？」とご質問をいただきます。結論、入りますが、私の考えとしては全く問題ないんです。

というのも、そもそもジェルネイルをオフする＝ダメージゼロではないですし、ジェルネイルをする＝ダメージゼロではないですよね。その前提条件がある中でも、適切なマシンの使い方で施術をすればお爪に必要以上の傷が入る事はまずありません。なので、「オフ時にマシンケアをしても問題ない」というのが私の考えであり、そのノウハウを知ってるか知らないか？　で世界が変わることは間違いありません。

ただ「マシンケアが苦手……」とか「マシンケアしたら結構爪に傷入れちゃう……」のように技術力にまだ自信が持てない方は、ウォーターケアのほうが安心かもしれません。ただ、ウォーターケアをするとどうしても手間が増えてしまうので、マシンケアの場合と比較すると時間がかかりますよね。なのでその分、施術のトータル時間に見合った金額を頂くようにしないと「私たちネイリストの生産性（時給換算）が落ちてしまう」という事になり、頑張っても疲弊するだけで理想の売上を達成できない安売りサロンになってしまいます。

例として、オフのみ料金が3000円のサロンの生産性（時給換算）を見てみましょう。

オフのみ¥3,00サロンの生産性
（時給換算）

・マシンが苦手でウォーターケアを
選択したAさん
オフのみ30分＋ウォーターケア30分
＝施術時間60分
↓
時給換算すると¥3,000

・マシンが得意でマシンケアを
選択したBさん
オフのみ30分＋マシンケア10分
＝施術時間40分
↓
時給換算すると¥4,500
（算出方法：40分¥3,000＝60分¥4,500
※20分¥1,500ということ）

では この場合、AさんとBさんの生産性（時給換算）を同じにするためには、Aさんがウォーターケアのメニューをプラス1500円のオプションにしなければいけませんね。

ちょっとここで、よく考えてみてください。ネイリストはお客様を1人ずつしか対応できないですよね。ということは、1人のお客様に対する時間単価をいかに上げていくか？　が、ネイルサロンを経営する上で超重要なポイントになるわけです。ついつい、こういった細かい数字の計算をせずに自分を安売りしてしまうメニューを作っている人が多いので、限られた時間の中で時間単価が高い満席サロンを作りたいなら、生産性（時給換算）をしっかり理解した上でメニューを作るようにしていきましょう。自分を安売りしちゃダメですよ。

私は自分の生産性を上げながらもお客様に満足して頂くために、早くて綺麗に仕上げる時短技術&時短サロンワークを試行錯誤しながら開発しました。だからこそ、オフのケアの時も最小限のダメージで早く綺麗に仕上げるマシンケアを採用して、自分の生産性を最大限に高めています。

また、サロンの単価やコンセプトによって施術方法やメニューを変えることで、よりお客様の満足度を上げることが出来ます。

たとえば、リーズナブルでデザイン重視のサロンの場合、オフを丁寧に時間かけてやるならケアはオプションにしてもいいですよね。他にも、ケア重視で爪育成などを推しているサロンの場合は、丁寧に時間をかけてスパ感溢れる特別なオフメニューを高単価で用意しつつ、そこまで求めていないお客様用にサクッと終わるクイックオフメニューを用意しておけば、コンセプトから外れることもなくお客様が求めるサービスを提供出来るので、お互いがWin-Winになります。

《サロンのコンセプトで施術方法やメニューを変える》

クイックでリーズナブルなオフメニュー

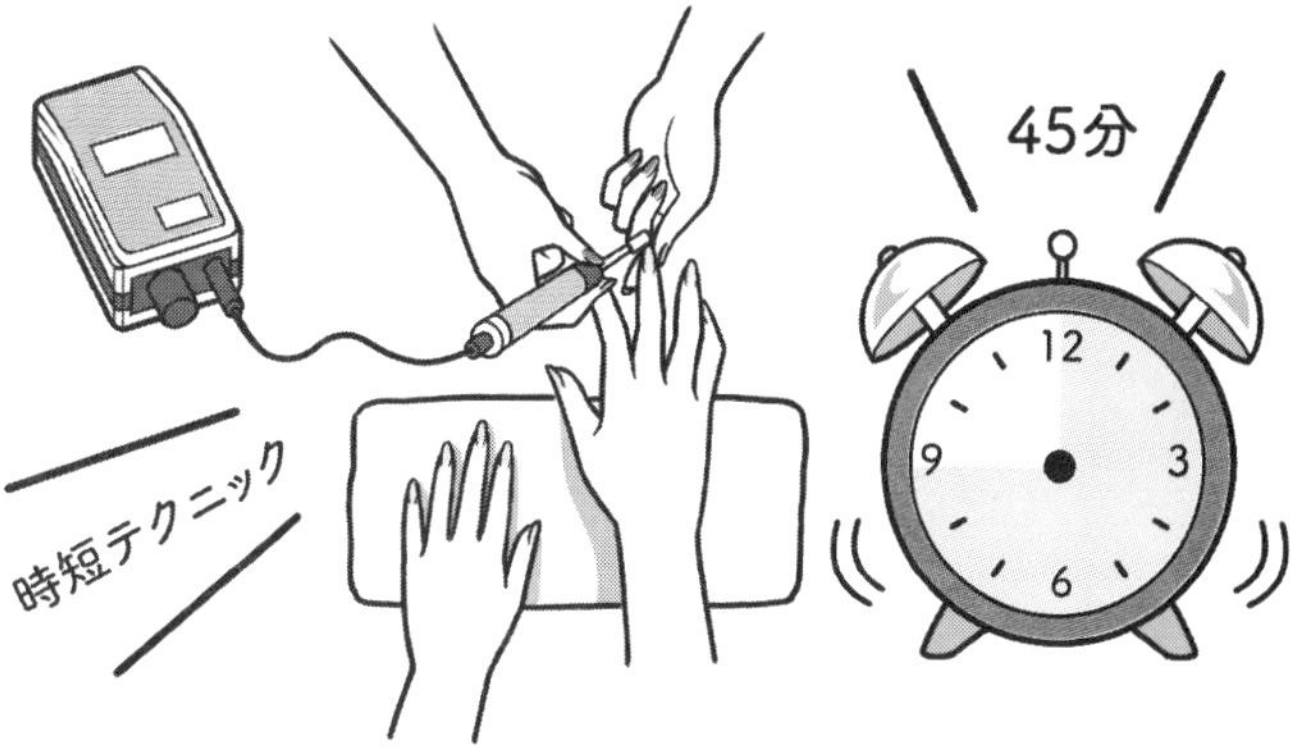

時間をかけた高単価なオフメニュー

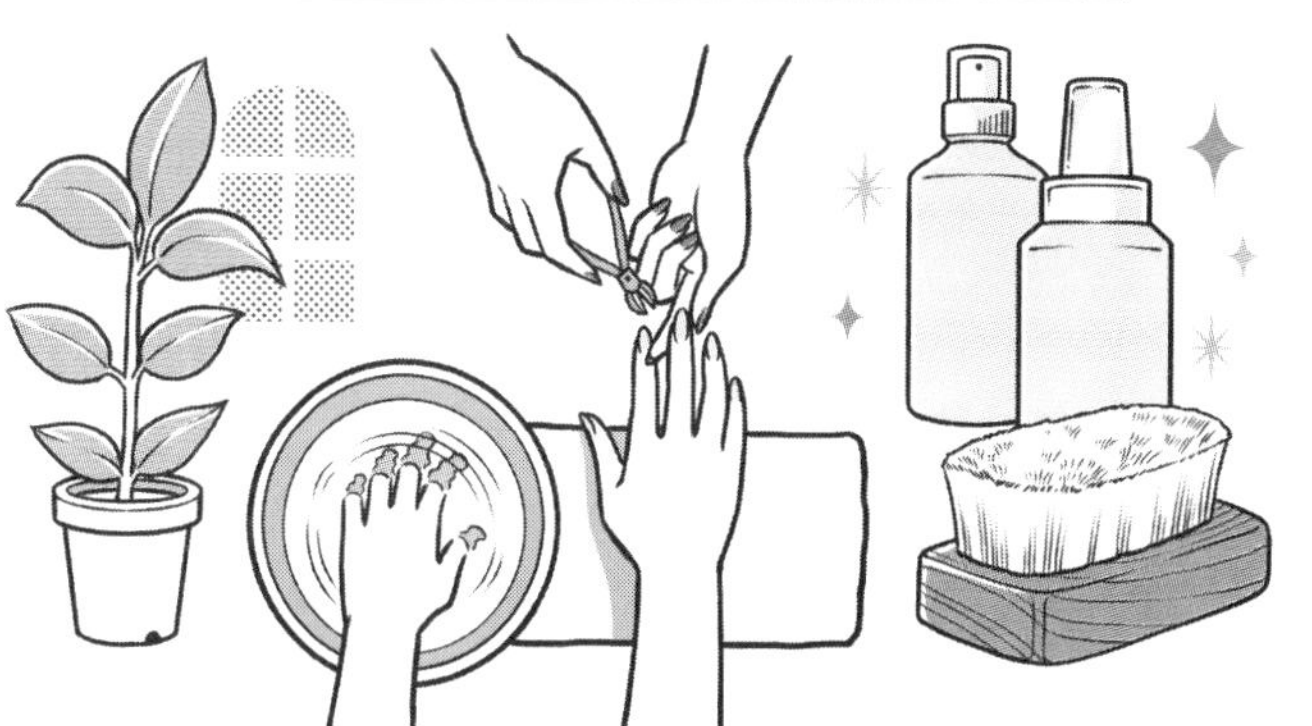

フットワンカラー50分リアルスピード

【フットワンカラー５０分リアルスピード ポイント解説】

●足湯とマッサージのポイント（動画３分１９秒 ～ ４分４２秒）

～キーポイント～

・足湯に使うアイテムは、保温効果が高い「野田ホーローさんのたらい」がオススメ

・ブクブクするバブルフットバスはメンテナンスが大変

・足湯を入れている最中に簡単なマッサージを入れる（足の裏や指の間をお掃除するという意味合い＋顧客満足度を上げるため）

・マッサージを長めにするなら単価を上げる（自分の安売りをしない）

・マッサージが終わったら片足を上げて拭き、もう片方の足も上げて拭いて足湯のたらいを取る（冬は特に水滴が残ってると寒さを感じやすいので注意）

《足湯アイテム選びのポイント》

桶タイプのメリット・デメリット

○ 収納がコンパクト
○ とにかくかわいい
○ 掃除・手入れが楽
○ 価格もリーズナブル
○ 電源いらない
× 長時間の保温はできない

加温・保温式のフットバスのメリット・デメリット

○ 保温機能で長時間温かい
○ ぶくぶく泡が気持ちいい
× しまうのに場所を取る
× かわいくない
× 使用後の洗浄が大変
× 電源がいる

《簡単なフットマッサージ手順》

① 触られることに慣れてもらうために
まずは優しく足の甲を両手でさする

② 足の甲の骨と骨の間に指を入れて
骨をなぞる

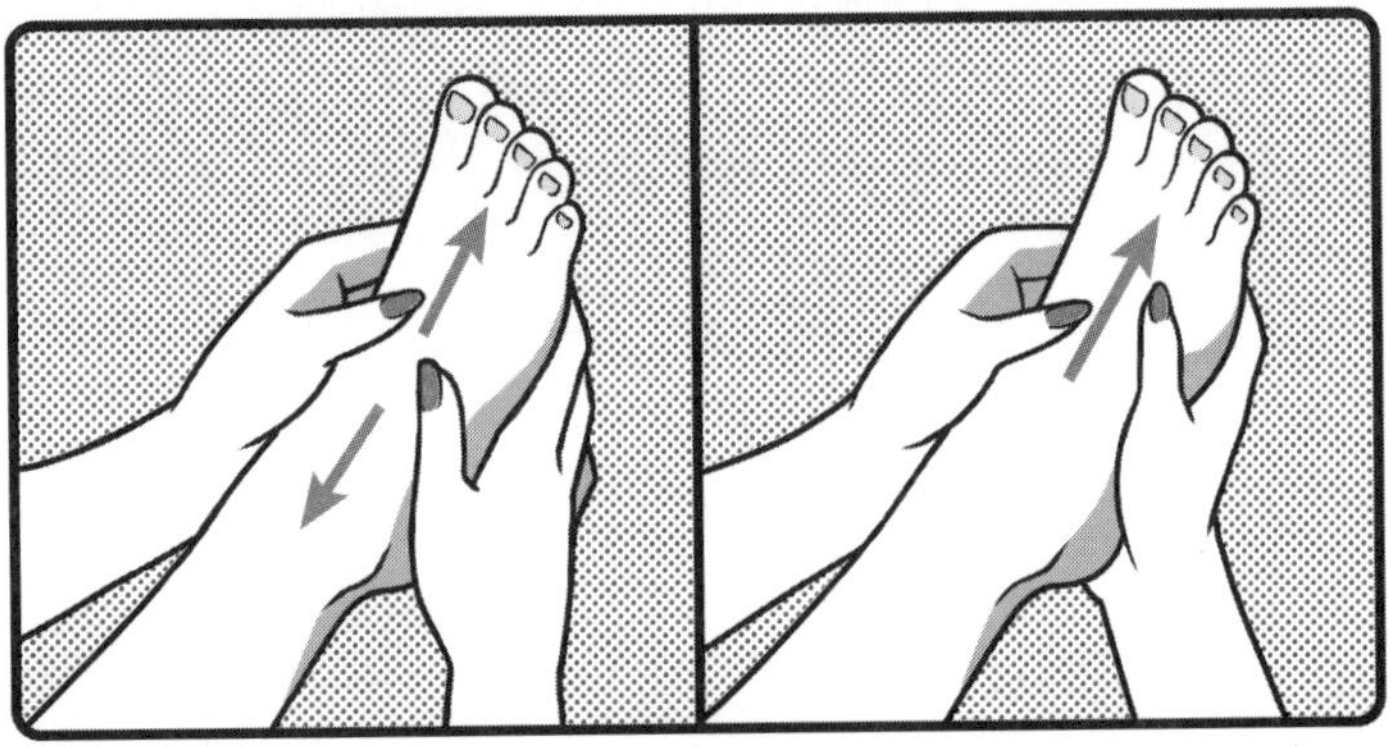

③ ツボの宝庫！土踏まず周辺マッサージ
で血流UP＆リラックス効果◎

④ 靴の中で凝り固まった指先をほぐして
解放感＆疲労回復！

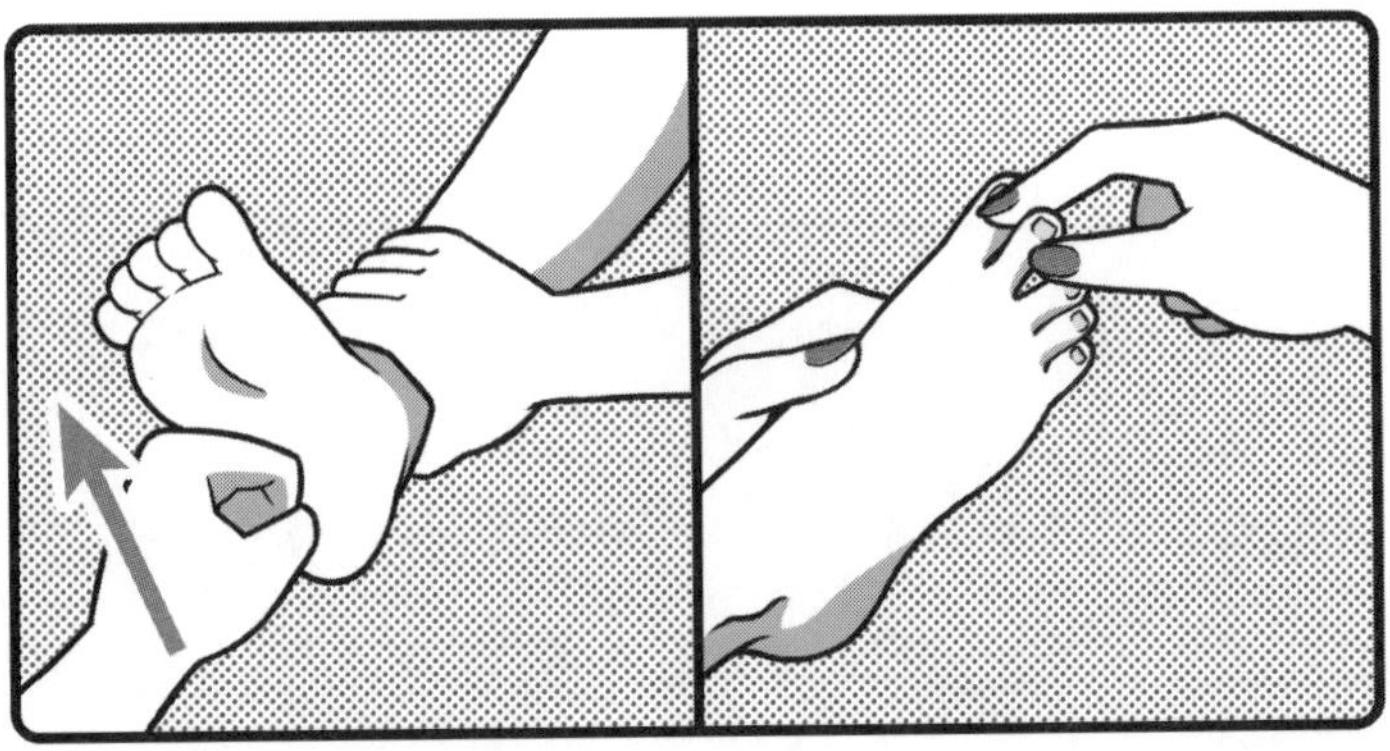

《フット施術時のお客様のベストな体勢》

施術しやすい体勢 ○

・膝を立ててもらう
・クッションを足の下に入れてあげる
・スカートのお客様にはブランケット
・ライトを被せて置けるので時短になる

施術しにくい体勢 ×

・つま先が上を向いている
・ジェルがキューティクル側に流れやすい
・ライトが当てにくく硬化不足になりやすい
・ライトを持っていないといけなくなり施術に
時間がかかる

●施術しやすいお客様の体勢（動画４分５９秒 ～ ５分４８秒）

～キーポイント～

・足元を上げて膝を立ててもらい、膝の裏にクッションを入れて膝を立てた状態、かつ足裏がしっかりと座面にくっつくように

・つま先が上に向いたままの状態は施術しにくいのでＮＧ

・お客様の体勢がやりにくくて時間がかかってるなら即改善

●フットネイルの正しい工程（動画５分５０秒 ～ ８分１４秒）

～キーポイント～

・プッシュアップ→キューティクルケア（マシンのビットで）

・足湯をすることで甘皮薄皮がやわらかくなり、ケアしやすい

・ハンドもフットも共通の工程は、ネイルオフ→ネイルケア→ファイリング

～補足ポイント～

なぜ、ネイルオフ→ネイルケア→ファイリングの工程が良いかというと、ルースキューティクルがしっかり張り付いてしまってる方は、ケアをするとベッド（塗る部分）

が大きく広がることがありますよね。このベッドの範囲を先に理解した上でファイリングをしたほうが、「ここはもう少し短くてもいいな」「ここはもう少し取っておこう」というように、微調整を入れやすく美しいバランスが取りやすくなるからです。

ネイルの仕上がりで重要なことは、綺麗にカラーを乗せた時の色の面積やバランスが10本しっかり揃っているかどうか？　というところです。ベストな仕上がりから逆算して考えれば、必然的にネイルオフ→ネイルケア→ファイリングの工程になるはずです。

ここまでの話から、最善なフットのオフオン工程は、

足湯

↓

ちょっとプッシュアップ

（柔らかい状態で皮膚をできるだけ立ち上げたいから）

↓

《ケア前後の爪（ベッド）の大きさは変わる！》

ケア前後で爪の大きさは変わるので
ケア➡ファイリングが正解◎

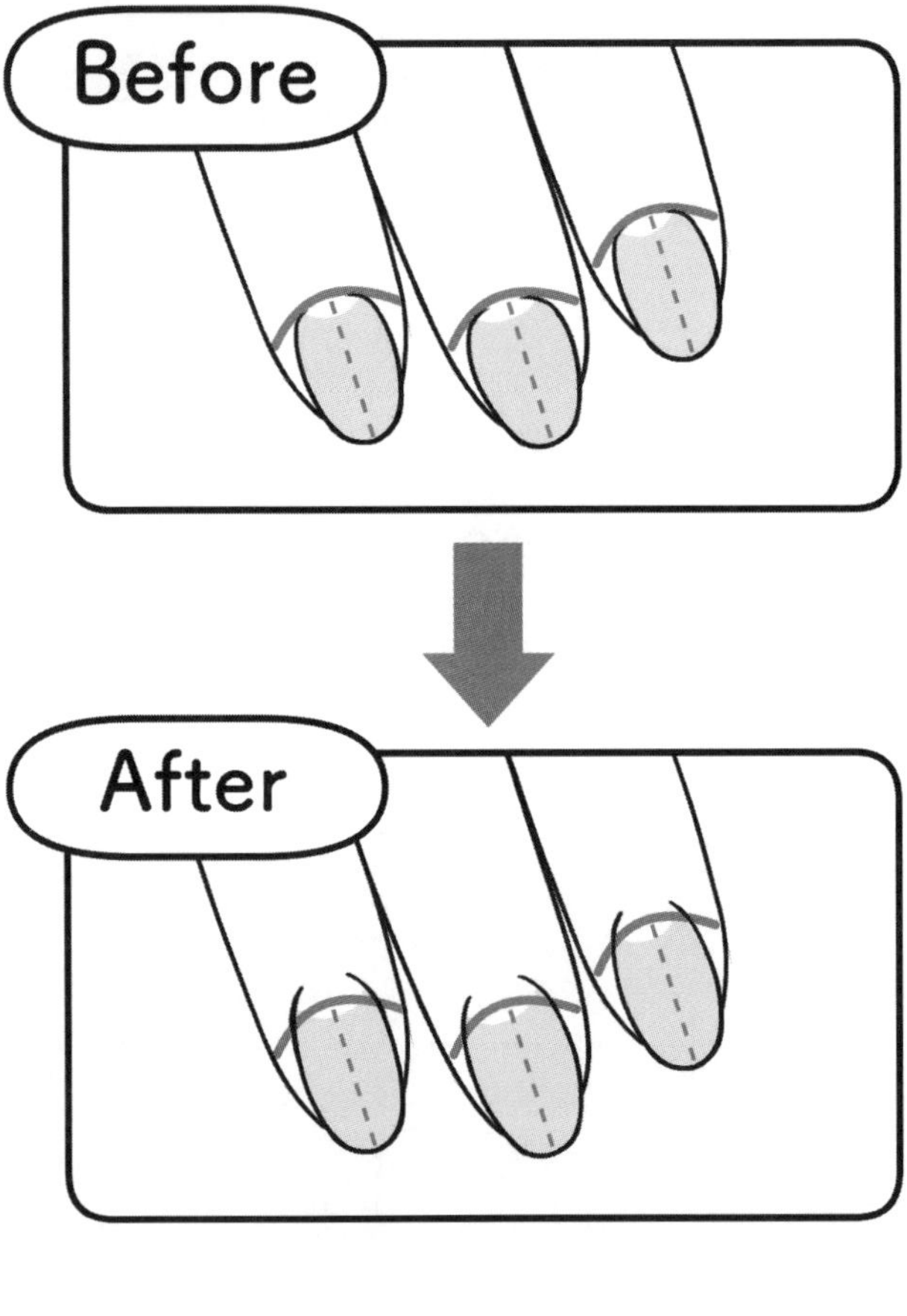

フィルインorアセトンオフでお爪の上をフラットな状態に（なければスキップ）

↓

キューティクルのケア

※先にオフをしないとキューティクルのビットが適切な角度で当てられない

↓

正しいネイルベッドの範囲を確認してファイリングへ

この流れで施術を進めていくと、効率的なサロンワークとなって時短を実現できるはずです。

●フットネイルの適切な形（動画8分33秒～10分48秒）

～キーポイント～

・フットネイルの適切な形は丸く落とすことではない
・丸く落とすのは絶対にNG（巻き爪になりやすい形になるから）
・フットネイルの形はネイリストが専門的な観点から誘導する
・仕上げに角を触って引っ掛かりがないかチェック

～補足ポイント～

お客様はフットネイルの適切な形を知らずに、爪の角を落として丸い形にしてしまっている人が多いですが、丸くすると巻き爪になりやすい形になってしまうので絶対にＮＧです。お客様に「丸いほうが好き」と言われたとしても、私たちネイリストはプロとして「こういった理由で巻き爪になりやすいので、フットネイルの適切な形はこんな感じになるんです」と、プロとしてお客様の未来を考えた適切なアドバイスをしましょう。

フットネイルの場合、形はスクエアオフがおすすめです。スクエアオフに整えることで、足の指にかかる圧力に対して抵抗できるので、巻き爪など様々な爪のトラブルを回避できます。

ハンドの時だったら、四角にするか？　細いほうがいいか？　太いような柔らかい丸がいいか？　など選択肢はたくさんありますが、フットネイルの形はお客様に選択を委ねられるものではない専門的な観点が必要です。私たちネイリストがお客様のフ

《フットネイルの適切な形を理解する》

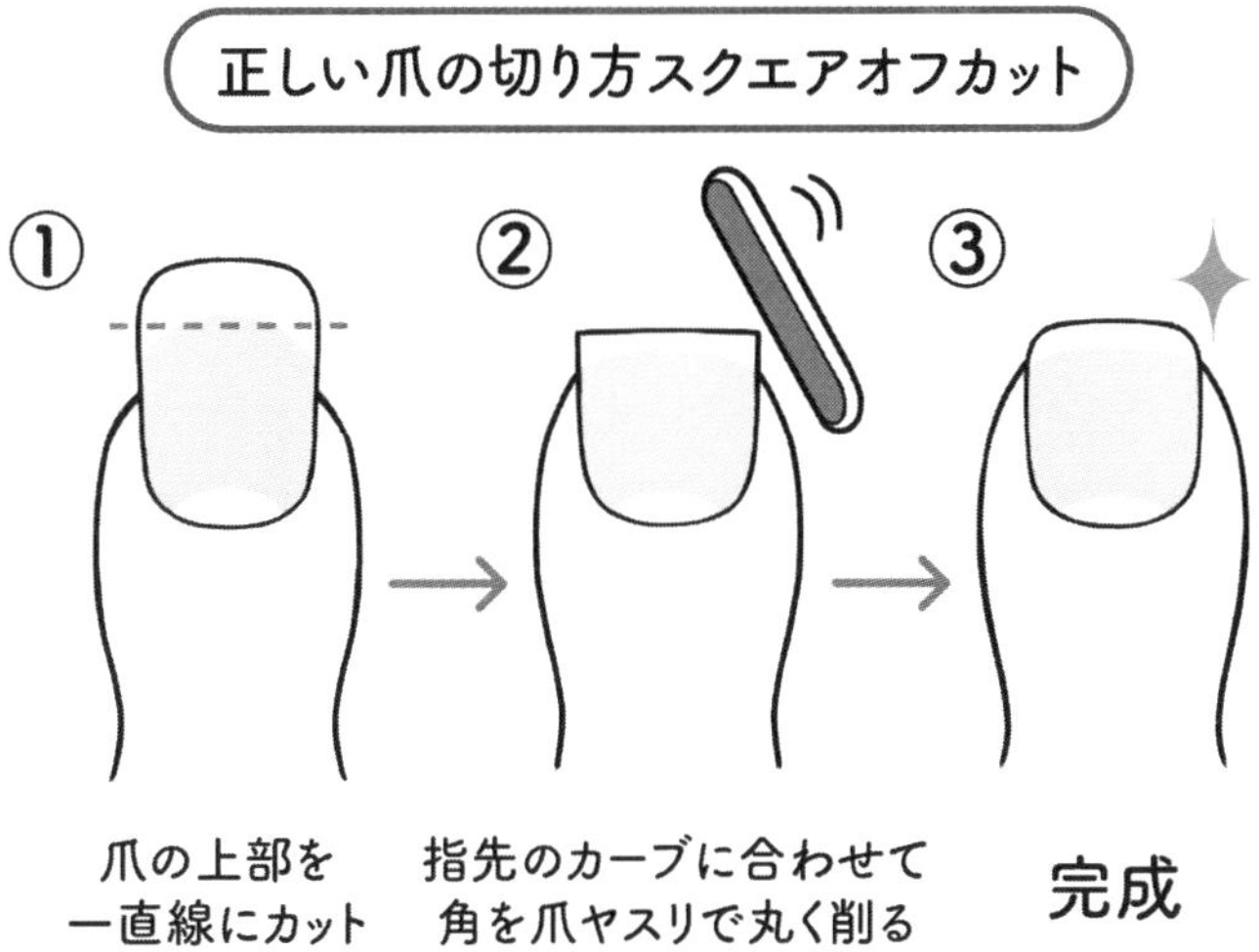

ットネイルを見てベストな形に持っていくことが、お客様にとってもベストな選択になるはずです。

というのも、基本的にお客様は適切な足の爪の形を知らない場合がほとんどなので、ネイリストのほうから「なぜそうしたほうがいいのか?」の理由を添えて誘導することで、カウンセリングや施術がスムーズに進んでいきます。別の観点から見れば、ネイリストが爪のプロとしての信用を得られるポイントにもなりますし、お客様のためを考えたお話ができればリピ率も上がる要素になりますので、自らチャンスを作るチャンスですね(笑)

フットネイルの適切な形は【スクエアオフ】とお伝えしましたが、必ず角を触って仕上がりを確認してください。角を触った時にひっかかるような角が残っていると、後でトラブルになる可能性が上がるからです。

お客様はおうちに帰ってリラックスした時間などで、だいたい足の爪の角を無意識に触ります。その時ほんの少しでも角がひっかかる感じに仕上がってると、気になっ角があるとトラブルを起こしやすいので気をつけよう!

削り残しはNG! トラブルの原因に

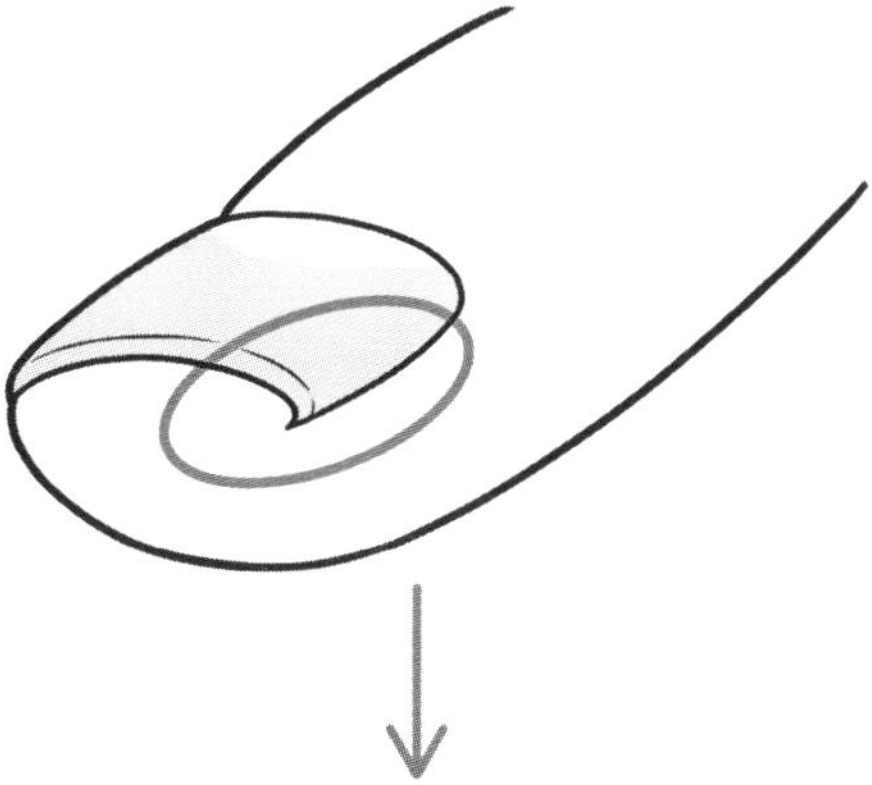

ケアをした後の正しい状態

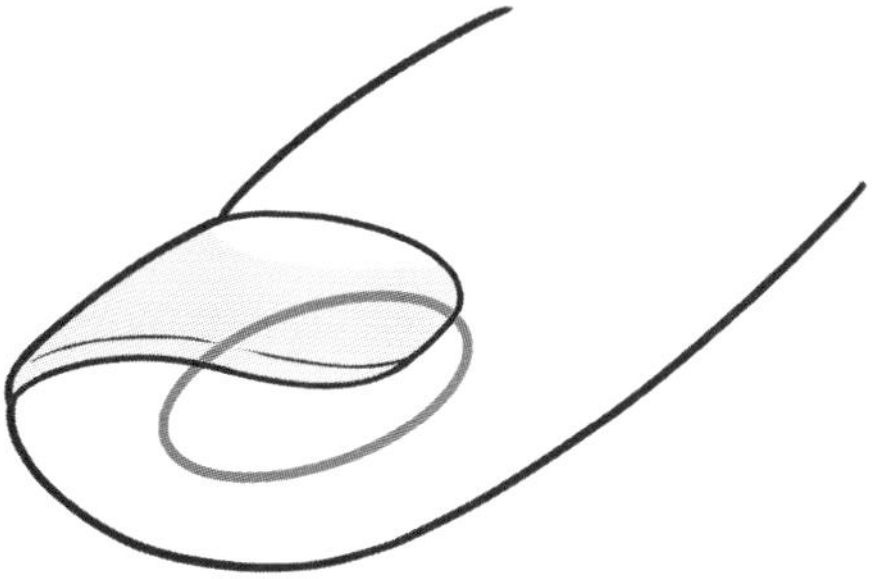

肉に埋もれていて意外と見落としがちなので
『触って』確認することが大切

てずっと触ってしまうので、ご自身でフットネイルを剥いでしまう可能性があるんです。こんなことが起きたら間違いなくあなたのサロンの評価や価値は落ちますし、「もうあのサロンは行かないかな……」のように、リピートされずに離客してしまいます。

足の爪は指に沿って生えていくため、角の削り残しがあるとかなり気になります。角の削り残しがないように、かつ丸く削りすぎないように、ファイリングすることを心がけましょう。

●ベースジェル前にやること（動画10分59秒 ～ 11分25秒）

～キーポイント～

・ファイリングで全体の長さと形を整えたらベースジェルへ
・ベースジェルを塗布する前にスポンジファイルで軽くならす（傷入れ目的ではない）
・キューティクルニッパーで皮膚の立ち上がりをカット
・ボールビットは状況に応じて使うか使わないかを判断

～補足ポイント～

ファイリングを終えてベースジェルを塗布する前に、サンディングまではいかないまでも爪の上をフラットにして綺麗に見えやすくする目的で、スポンジファイルを一通り流して入れておきましょう。ただし、傷入れが目的ではないので軽くで大丈夫です。

キューティクルニッパーについては、気になる皮膚の立ち上がりの部分をしっかりカットしておいて、ジェルが塗りやすい状態になればＯＫです。

ボールビットの使い方には注意が必要ですね。フット周りの爪に摩擦が加わって固くなってしまっている部分があったり、キューティクルがちょっと厚めでビロビロしている場合には、ボールビットを使う判断をしましょう。

でも、ボールビットは工程の中に必ず入れるわけではありません。必要な人には使うし必要じゃない人には使わない、という感じで、お客様に合わせてボールビットを使うかどうかを判断することが、施術時間を短縮させる時短ポイントになってきます。

ボールビットだけの話ではありませんが、すべての工程をすべてのお客様にやるわ

お客様の状態に合わせて
必要な工程を見極めよう！

けではなく、必要な工程を必要なお客様だけに出来るように見極める習慣を身につけましょう。そのためには、知識だけ詰め込もうと学んだところで絶対に上手くいきません。すべてをマニュアル通りにやろうとするのではなく、実践の数を増やして体と感覚で覚えていくことが必要です。

●ベースジェル時のお客様の体勢（動画13分00秒～15分04秒）

～キーポイント～

・油分を取る時に「しみないですか？」と一言、お声がけが親切
・ベースジェルの塗布でお客様の足がフラットな状態になっていること

～補足ポイント～

ここでの重要ポイントは、ベースジェルの塗布でお客様の足がフラットな状態になっていることです。足のつま先が上になっていて爪の表面がお客様の方に向いている状態だと、私たちネイリストが上から覆い被さるような感じに塗らないといけなくなって、施術の難易度が上がります。体勢が悪いので腰も痛くなりやすいですし、重力のせいでジェルがキューティクル側に流れやすくなるので、一つも良いことはありま

せん。

ここはプロのネイリストとしてのマインドセットにもなってきますね。「お客様は今、何をしにサロンに来ているのか？」で考えれば、理想のフットネイルを手に入れた先で何かしらの成功体験をするためにご来店されています。ということは、私たちネイリストがやるべきことは、いち早く理想の状態を叶えてあげることですよね。だからこそ、最高のフットネイルをいち早く仕上げるためにも、施術しやすい体勢に私たちネイリストが自然に導くのが当たり前なんです。

お客様の足がフラットな状態になる体勢をキープできているからこそスムーズにベースジェルが塗れますので、もしあなたが、「私、フットのベースジェルがスムーズに塗れないんです……」とお悩みであれば、まずはお客様の体勢が自分にとって施術しやすい状態かどうかを確認、修正してみると良いですよ。

※P257の【フット施術のお客様のベストな体勢】のイラストを再度ご確認ください。

●ハンディライトは必須（動画15分04秒～16分56秒）

～キーポイント～

・フットネイルの必需品「ハンディライト」はコンパクト一択

・小指の爪は指に沿って外に曲がってるので、ライトを横向きでしっかり固める

・最後にお客様の足の上から大きなライトを被せて、もう片方の足へ（時短）

～補足ポイント～

ハンディライトは時短サロンワークになくてはならない必需品です。なぜなら、フットネイルの施術体勢はどうしても悪くなりがちなので、ジェルを塗布して「良し！」と思ったタイミングですぐ固めないと、流れてしまって取り返しがつかなくなるからです。

様々なメーカーからハンディライトが発売されているので、フットはもちろん、ハンドでも時短にかかせないアイテムとして、時短講師の私は色々なメーカーの物を購入してきました。正直、「使いづらいなぁ～」と思う物もあったので、これからハンディライトを購入する方には出来るだけコンパクトなものをオススメします。

パワーを重視してヘッドの部分が大きいものは、当てたくないところにライトが当たってしまうこともあるので私はオススメできません。

ハンディライトはサッと使えるのが最大のメリットポイントなので、私は制服の胸ポケットに入るかどうか？　で判断して購入しています。小さなことかもしれませんが、こういう1つ1つが時短サロンワークへ繋がっていくのです。

ハンディライトで片足の爪をササっと固めたら、お客様の足の上から大きなライトを被せてもう片方の足に進みましょう。丁寧＝時間をかけていいわけではないと本書の第2章でお伝えしましたよね。「丁寧×時短」を常に考えながら、効率的な施術ができるルーティンを体で覚えていくとどんどん時短ができて楽しいですし、お客様も「え！もう終わったの？　早い！」と喜んでくれますよ。

自分がお客様の立場で考えたとしても、「時間がかかって高品質」よりも「早くて高品質」のほうが体も楽だし、次の予定に早く進めるし、1日を無駄なく過ごせるので嬉しいですよね。

ハンディライトはコンパクト一択！
硬化しづらい小指の外側もしっかり当てられる

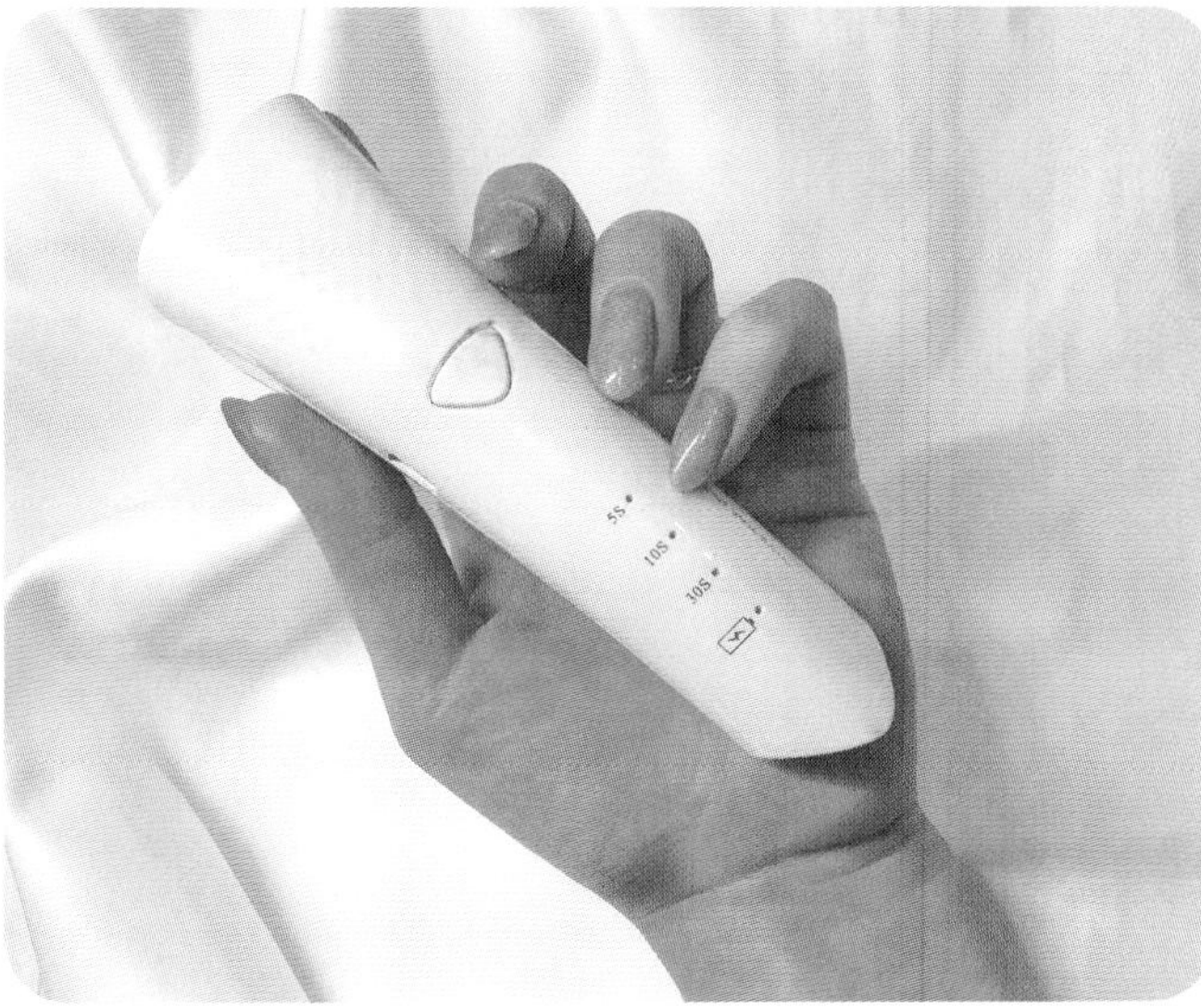

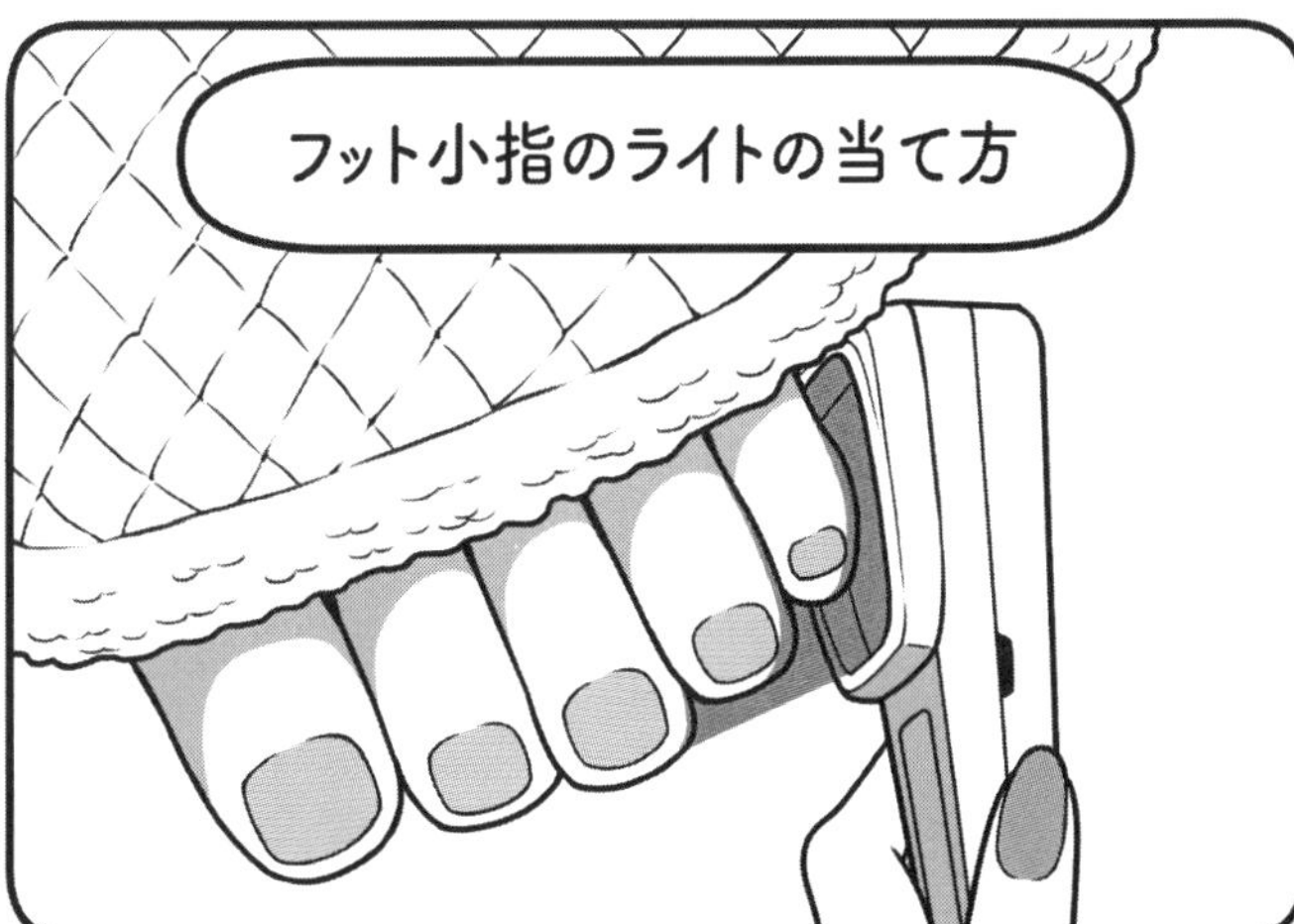

●カラージェルは筆の形で世界が変わる（動画16分56秒～20分01秒）

～キーポイント～

・カラージェルのポイントは「筆の形が足の爪にぴったりか」
・足の爪にフィットすると、親指以外の4つの指が超時短で終わる
・キューティクルにジェルが付いた時は爪楊枝がオススメ
・修正できないと思ったら潔く拭き取ってやり直し

～補足ポイント～

私が使っている筆は、本書を執筆している現時点では「tati ラウンド筆「rose」を愛用しています。四角ベースなんですけど、先端がラウンドになっていて比較的どんなお爪にも合いやすくて。爪の角って直角ではなく皮膚の構造上ふわーと丸くなっていますが、その爪の丸みにしっかりフィットするように筆の角が丸みを持っているので、とても塗りやすいのが私の中で大ヒットしました。（廃盤にならないことを祈ります。笑）

この筆を使うと、親指は大きいからしっかりジェルを塗り広げないといけませんが、その他の四指は筆の形と爪の形がほとんどフィットするので、ジェルを少しずつ潰し

て塗り広げて全体をならしたらサクッと終わっちゃうほど、めちゃくちゃ楽なんです。ほとんどの足の爪に合ってとにかく早い。足の爪を塗る方はこちらの筆がオススメなので、ぜひ試して欲しいなって思います。ちなみに私は、ハンドもフットもこの筆でやってるほど愛用者です。

筆の角がキューティクルに触れてジェルがついてしまった時は爪楊枝やウッドスティックを使いますが、個人的には爪楊枝が使い捨てでどんどん使えるので良いですね。といっても私はほぼ使うタイミングがありませんが、念のため用意はしています。

一度でも皮膚についてしまうとジェルってどんどん流れてしまいますよね。なので、修正できないと思ったら潔く一回拭き取る方が早いので、無理になんとかしようとせずに切り替えてやり直しましょう。

●トップジェルのコツ（動画20分06秒 ～ 22分29秒）

～キーポイント～

・フットは基本的に補正なしでノンワイプのトップジェルで時短

・デザインが入る時は少し厚みを出すトップジェルで
・反り爪は少しだけ補正、爪が分厚くならないように自然な薄さで仕上げる
・ノンワイプのトップジェルは硬化熱を発しやすく熱い可能性↓お客様に確認必須

～補足ポイント～

足の爪を分厚く仕上げすぎると「巻き爪になりやすい」というデメリットがあります。もともと、足の爪は巻く性質があって、その巻く圧と地面からの圧のバランスによって適切なカーブを維持しています。ジェルネイルは厚みが出るので爪にかかる圧もより多くなって、ハンドなら1ヶ月近く、フットなら2ヶ月弱、爪に圧がかかり続けている状態になるので、爪の両端が巻きやすくなってしまうんですね。

たとえば、年齢を重ねて行くと……

加齢による水分量の低下によって乾燥

↓

乾燥により爪の厚みが出てきて、爪が巻く圧が増加

←運動量の低下により地面からの圧が減り、巻き爪を発症しやすい

このプロセスがあってご高齢の方の足のお爪が巻いている事が多いんです。このように、フットのジェルネイルを必要以上に分厚くすると、巻き爪になりやすいというデメリットがあるので、必要以上に分厚く仕上げないように出来るだけ自然な薄さで仕上げるように意識しましょう。

ベースを塗って、カラーを塗って、アートして、ノンワイプのトップジェルを入れる、これだけでもある程度の厚みですよね。この工程だけでも必要な強度は十分出ますので、仕上がりはノンワイプで十分です。

ノンワイプのトップジェルは拭き取りも必要なくて仕上げが早くなるので、時短に特化している私は「ノンワイプ＝時短」として採用しています。ワンカラーだったらノンワイプ一択ですね。

ただ、デザインが入る時は少し厚みを出すようなトップジェルを使って、ぷっくりツルっとした仕上がりにしますので、状況によって適正な判断をするようにしましょう。

ちなみに、ノンワイプのトップジェルは硬化熱が発しやすいので、お客様視点で見ると熱い可能性があります。足の爪は熱くなりにくいので基本的には大丈夫なはずですが、爪に凹みがある部分にジェルを少し多めに足す場合は「○○さん、今これ熱くないですか？」というお声がけをすることを忘れずに。

※筆は先ほどカラージェルでご紹介した筆と同じものを使用しています。

●セパレーターを使う見極め（動画22分35秒 ～ 24分19秒）

～キーポイント～

・セパレーターを使わなくて良いお客様もいる
・セパレーター以外にも代替アイテムはある
・セパレーター選びはお客様が不快に感じる可能性を配慮する

～補足ポイント～

動画のお客様は指や爪が真っすぐで爪と爪がぶつかりにくいので、セパレーターは使う必要がありませんでした。セパレーターを使うかどうかの見極めはとても大事で、必要がない方に使うのはお客様の不快に繋がる原因にもなるのでやめたほうがいいですね。

私の場合は、「この指とこの指だけぶつかりそう」と思ったら、その指の間にだけキッチンペーパーをグルグルっとまとめて入れることもありますし、ぶつかる指が多いなと判断した場合は全部の指にセパレーターをつけることもあります。この辺りの判断は、お客様に合わせて見極められるように実践を積み重ねてください。

なぜ、ここまで繊細にやっているのか？　というと、実は私がセパレーターをつけていると痒くなったり痛くなったりする場合があるんです。でもそれって私だけじゃなくて実際にお客様からも同じような声があったので、不必要だと思ったお客様にはセパレーターを使わないようにしています。

あとはやっぱり時短を常に考えてるのもあって、全員にセパレーターを使うことは避けたい狙いもあるんですよね。洗浄しなければいけないセパレーターを使うこともあって、使わなければ洗浄する手間が省けるじゃないですか。極力、無駄な労力や時間を使いたくないのでこのようにしています。

私が教える時短技術やサロンワークは、施術時だけじゃなく準備や片付けのところまですべて配慮された時短メソッドなんです。たとえば、あなたが洗濯をやりたくないと思うなら、多少コストをかけてでも足を拭くタオルを紙製のものに変えるとか、あなたの中の大切な時間をどこに使うのかを見極めて環境を整えることが大切です。

繰り返しになりますが、私が教える時短メソッドは、技術だけじゃなく準備や片付けもすべて含めた効率的なサロンワークが実現するんですね。工程やアイテムを増やしていくのではなく、いかに無駄を減らして断捨離するか。シンプルミニマムな考え方から生まれた私の時短メソッドは、限られた時間の中で自宅サロンを満席にして成功させたいネイリストに大好評なんです。

《オススメのフットセパレーター》

①シリコンセパレーター

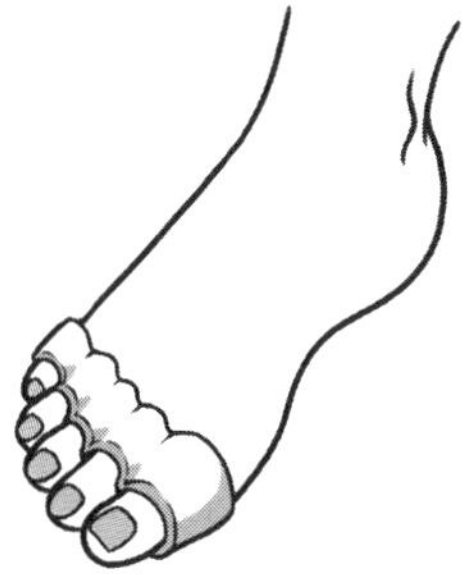

シリコンで柔らかくて痛みを感じづらい
しっかり洗浄出来て衛生面も安心

②分裂型セパレーター

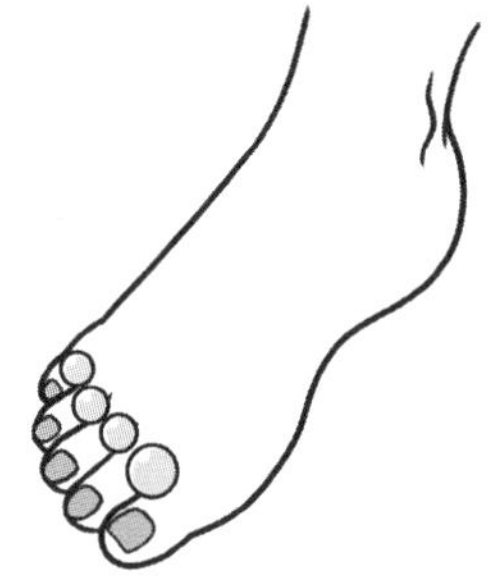

とにかく可愛くてお客様が喜んでくれる
分裂型なので固定感も少なくストレスを
感じづらい

③キッチンペーパー

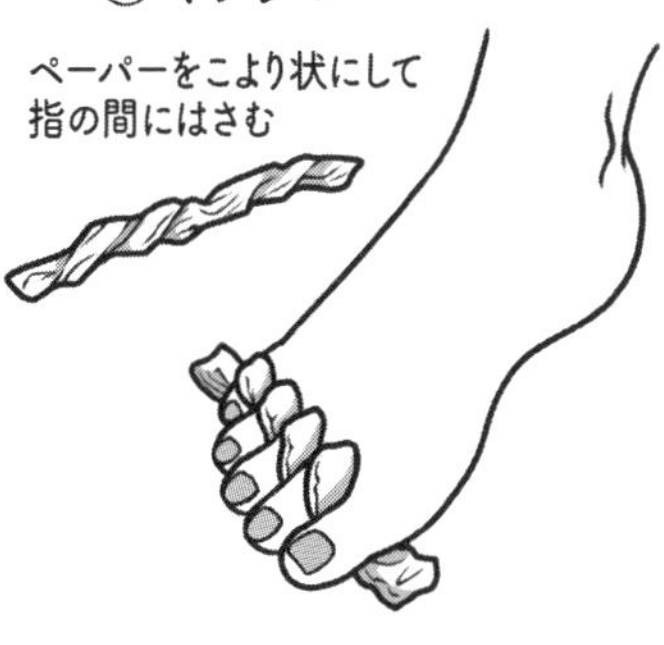

ペーパーをこより状にして
指の間にはさむ

使い捨てなので洗浄する手間がない
慣れればすぐ出来るが慣れないうちは
時間が少しだが掛かってしまうのが
デメリット

スポンジタイプは
オススメしない

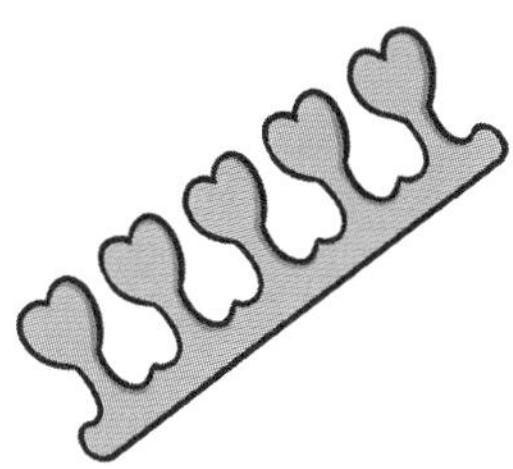

スポンジタイプだが割と固めで
指の開きが悪い方は痛みを感じることも
↓
信頼感がないと言い出せない
↓
リピ率が下がってしまう

●仕上げのポイント（動画24分20秒 ～ 25分56秒）

～キーポイント～

・硬化してない可能性を触ってチェック
・爪の角のひっかかりの最終チェック
・ファイルを使った微調整は必ずお声がけを
・フットはオフオンワンカラーで60分でお帰りいただく

～補足ポイント～

最後の仕上げでは、お客様がおうちに帰った時に違和感とか気持ち悪いところがないように、未硬化のチェックや爪の角のひっかかりのチェックを、愛を込めてしっかり触りながら最終確認をしましょう。

フットネイルは基本的に長さを出してないはずなので、最後の微調整をする時にファイルが指に少し当たってしまう可能性がありますよね。ファイリングをかける前にお客様に一言お声がけをしてから仕上げをすると親切です。

「最後により綺麗に仕上がるように微調整を入れていきますが、皮膚が近いところも調整しますので、もしファイルが当たって痛かったら我慢せずに言ってくださいね」

この一言があるだけで、たとえ少し当たっていたとしても「あ、このくらいだったらさっき言ってくれたし大丈夫だな」と、自然とプラスの印象に誘導して終わることが出来るはずです。このように、お客様に対しての思いやりを一つ一つ大切にして居心地の良いサロン空間を作っていきましょう。

最後に、私はフットのワンカラーだと、ご来店からお帰りまでの時間を60分で予約をお取りしています。お客様のご希望があれば50分で終わることもできますし、オフがあっても60分の枠でいつもお帰りいただいてます。

「そんなに早いって……ちょっと雑だったりしないのかな?」と思うかもしれませんが、動画をアップで見ていただいても早い=汚いということはありませんし、際までしっかりラインが取れていますので確認してみてくださいね。そしてぜひ、あなたも60分の予約枠が実現できるように、動画を見ながらどんどんチャレンジしてみてください。

時短リアルスピード動画＆ポイント解説まとめ

３つの時短リアルスピード動画について、動画ではお伝えしていない部分も含めてポイント解説をしてきました。結構ボリュームがありますので、冒頭でもお伝えした通り、

まずは動画を最後まで見る（ＱＲコード読み込み）
↓
本書で解説を読み、理解を深めながら動画を繰り返し見る
↓
実際に練習してみる
↓
お客様に実践

この手順で時短技術と時短サロンワークを極めていってください。この３つの動画だけでもしっかり時短の成果が出るはずです。

私のネイルスクールＮＣＡでは、どこで学んでも時短が出来なかったネイリストがたった１日で時短成果を上げてご報告いただくことが多々あります。その体験ができるこの３つの動画で、成果実証済みの時短メソッドを実感してみてください。

おわりに

ネイリストが心とお金と時間の自由を手に入れるための満席サロンの作り方、ここまで読んでいただいていかがでしたか？　ただ忙しい満席サロンにするのではなく、限られた時間の中で、あなたが好きなお客様だけで満席になる。そんな毎日ワクワクする満席サロンを実現するための方法をお伝えしてきました。

時短技術や時短サロンワーク、新規集客、リピ率を上げる方法まで、満席サロンを叶えるために今すぐ取り入れてノウハウだけじゃなく、私たちネイリストがネイル業界の教育文化に影響されて「やらなくてもいいこと」に時間とお金を使ってしまっている「ネイル業界の闇」の話まで……

おわりに

ネイリストとしての人生を豊かにしたいあなたにとって、10年連続満席サロンを実現してきた私の経験から、絶対に知っておいていただきたいと思う真実を包み隠さずお話ししてきました。

「検定はいらない」とか「技術も断捨離」とか、ネイリストからするとちょっと刺激的な言葉があったかもしれません。でも、誰かが言わなきゃずーっとこの闇だらけのネイル業界を変えていけないと本気で思ってましたし、10年連続満席サロンを実現している私の実績とたくさんの受講生さんの実績が、この話が真実であることを証明してくれると確信したので、本書を出す決断をしたんです。

もし、あなたが、「ネイリストとして成功したい！」と思っているのなら、

ネットやSNSなどで見る、
・検定を取るための学びや投資
・特定の技術を深めるだけの学びや投資

この2つについては、私がここまでお伝えしてきた内容をしっかりと読んでいただいた上で「本当に、自分の目的のために必要なことなのかな?」と、冷静に立ち止まって考えていただけたら嬉しいです。

なぜなら、ネイリストの本来の目的は、
・理想のお客様だけで満席になって
・毎日ワクワクしながら理想の収入を得て

・家族や自分のために時間とお金を自由に使える人生を手に入れたい

きっと、これだと思うからです。もし、あなたも「そう、そうなりたいの！」と思っていただけるのであれば……今のあなたに必要なのは検定や技術をひたすら学ぶことではありません。

私が本書でお伝えしてきた、「理想的な満席サロンを作るためのパズルのピースをすべて揃えること」こそが、あなたが理想とする最高のネイリストライフを実現するために、１番の近道になる唯一の方法なんです。

でも、もしかしたら本書を読んだだけでは、まだ「本当なのかな？」と感じてしまうかもしれませんよね。それは仕方ありません、まだあなたと私はお話すらしたことがないのですから。

だから最後に、もっと私のことを知っていただけるように、私からあなたにプレゼントがあります。本書をお手に取っていただいた読者特典として【7大特典】をご用意しました。

この特典は、私が10年連続満席サロンを実現するまでのプロセスの一部を公開しています。本書の内容やノウハウを実践いただくだけでも様々な成果が上がると思いますが、本書では語りきれなかったことがまだまだたくさんありましたので、特典としてプレゼントさせていただきますね。

ここまで時間を取って読んでいただき、本当にありがとうございました。「この本に出会えたことでネイリスト人生が変わった！」と、未来で成功しているあなたからのメッセージが私に届くことを、心から願っています。

読者さまプレゼント 7大特典

特典1
【衝撃告白】10年連続満席サロン現役オーナー厳選持ってても使わない検定&技術リスト徹底解説

特典2
10年連続満席サロンオーナーの心のトリセツ
自宅ネイリストの成功マインド10選

特典3
満席サロンで実際に使うネイル道具やツールリスト

特典4
月0人から月6人集客！　お客様の興味を引くインスタプロフィール構成解説動画

特典5
機械音痴ネイリストのための世界一やさしいインスタアルゴリズム解説講座

特典6
2000円値上げ、2倍値上げをしても失客0！
顧客が離れない秘密の値上げ戦略

特典7
「生きづらい」「疲れた」「辛い」と感じやすいあなたへ！　HSPネイリストのわたしだからこそ10年連続満席サロンとネイルスクール講師ができた秘訣

※詳細は巻末をご覧下さい

私はネイル業界の闇をたくさんのネイリストに知ってもらうために、「ネイリストに本当に必要なこと」をこれからも発信していきます。そして、真剣に成功を目指しているネイリストを助けるために立ち上げたネイルスクールＮＣＡで、ネイリスト人生を豊かにできる人をたくさん輩出していきます。本当はＨＳＰで小心者なんですけど、走り出したから絶対にやり抜く！　そう思ってます。

ちょっと最後に……どうしても伝えたいことがあります。

本だから、おふざけすると怒られるのでこんな堅い感じで書いてますけど、私もうちょっと「愛」がある話し方なんですよね（笑）絵文字とかたくさん使うのに（笑）もう少しフランクな私も見て欲しいので、良かったらインスタに遊びにきてください♡

おわりに

ではでは、あゆみでした。

しながわ　あゆみ　インスタグラム

特典④

月0人から月6人集客！
お客様の興味を引くインスタプロフィール構成解説動画

特典⑤

機械音痴ネイリストのための
世界一やさしいインスタアルゴリズム解説講座

特典⑥

2000円値上げ、2倍値上げをしても失客0！
顧客が離れない秘密の値上げ戦略

特典⑦

「生きづらい」「疲れた」「辛い」と感じやすいあなたへ！

HSPネイリストのわたしだからこそ10年連続満席サロンとネイルスクール講師ができた秘訣

【7大特典】のお受け取りはこちら

▼

【読者さまプレゼント 7大特典】

この特典は、私が10年連続満席サロンを実現するまでのプロセスの一部を公開しています。本書の内容やノウハウを実践いただくだけでも様々な成果が上がると思いますが、本書では語りきれなかったことがまだまだたくさんありましたので、特典としてプレゼントさせていただきますね。

特典①

【衝撃告白】
10年連続満席サロン現役オーナー厳選
持ってても使わない検定&技術リスト徹底解説

特典②

10年連続満席サロンオーナーの心のトリセツ
自宅ネイリストの成功マインド10選

特典③

満席サロンで実際に使うネイル道具やツールリスト

～実際の施術例～

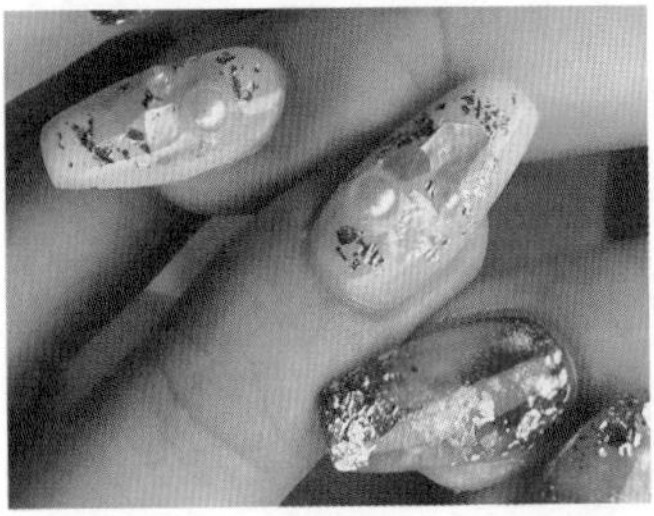

▲▼▶オフオン90分

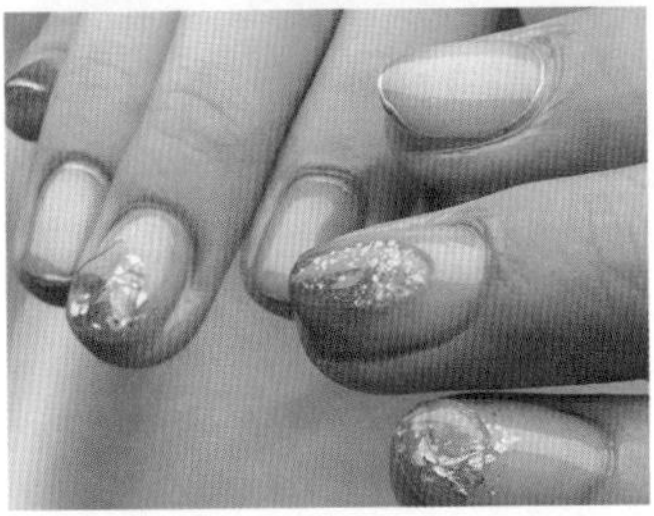

▼オフオン60分▼

▼オフオン45分▼

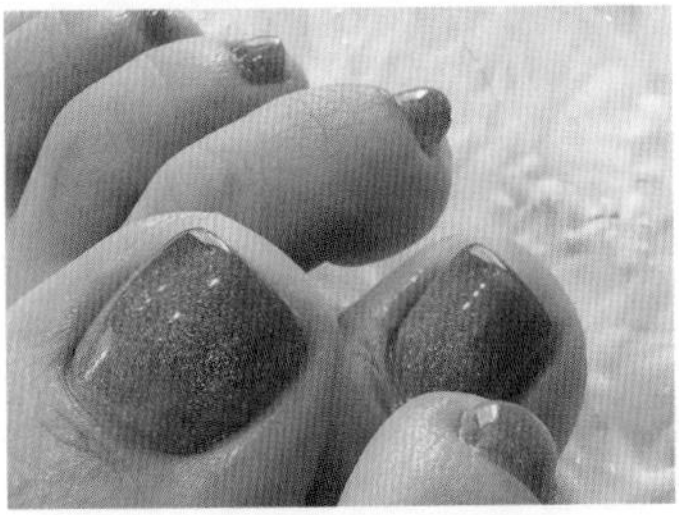

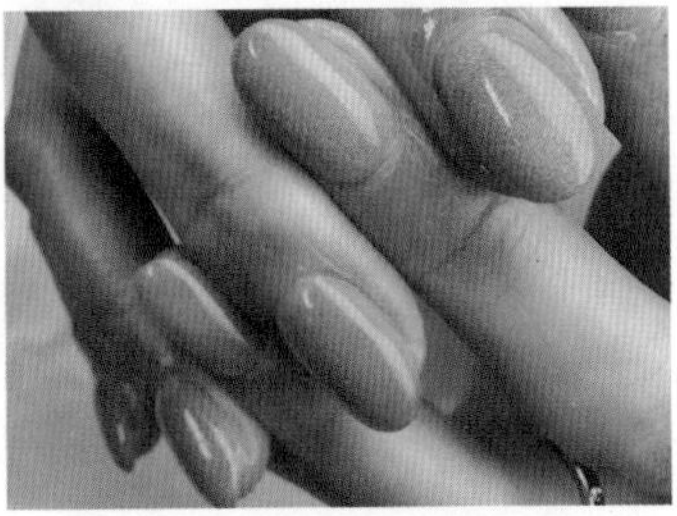

統一感のある店内

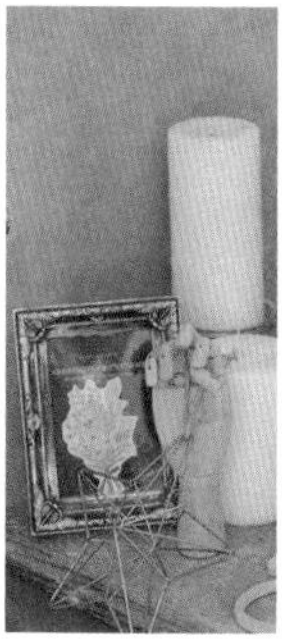

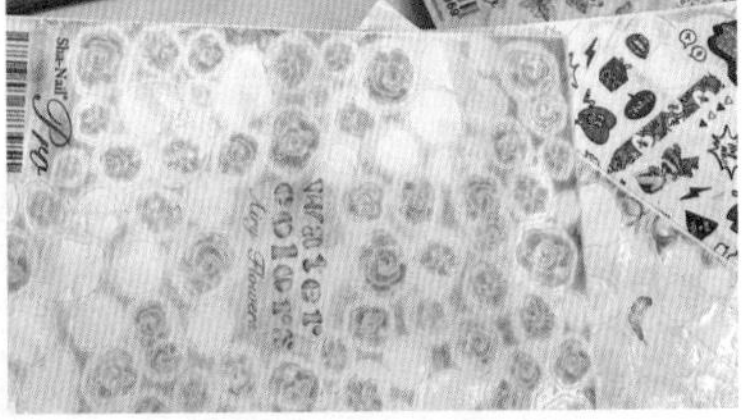

無駄を省き、心地いい雰囲気を演出

満席ネイルサロン講師あゆみ（品川あゆみ）

10年連続満席サロン現役ネイリストオーナー、ネイルスクールNCA主宰、受講生1000名以上、発達障害の2人の子供と主夫を支える大黒柱。
「ネイル検定は3級でいい」「あれこれセミナーや講座を受けなくていい」「不要な技術やモノは断捨離」など、間違ったネイル業界の教育文化を変えるべく"ネイル業界初"となる無期限まなび放題ネイルスクールNCAを立ち上げ、全国の悩める自宅ネイリストを満席サロンに導いている。

時短特化型で1日5時間3件をこなせるメソッドや、リピ率100%を実現するサロンワークだけではなく、SNSや集客媒体を使って新規集客を安定させることも得意とし、集客に悩む自宅ネイリストがNCAに参加するだけで、続々と新規集客〜リピ率100%の満席サロンを実現。

体に負担をかけることなく"心とお金と時間の余裕を作れる"独自のメソッドを使って、「好きなことを、好きな人と、好きな時にできる理想のネイリストライフ」を実現できる自宅ネイリストを世の中に増やすために、日々奮闘している。

実はHSPで繊細さん。だからこそ相手の気持ちを汲み取れる強みがあり、困っている人を真剣に助けようと行動する特性を持つ。

【経歴】
2012年
・JNECネイリスト技能検定1級取得
・就職するも鬱になりかけ2ヶ月で退職
2013年
・開業して半年で満席に
2015年〜2017年
・妊娠出産のため予約枠を減らす
（この期間も満席状態を継続）
2018年
・産休明け本格始動→3ヶ月で満席に
・旦那が仕事を退職→主夫へ
2019年
・ネイルイベント"アジアネイルフェスティバル"にて
デモンストレーターを務める
2020年
・テナント型ネイルサロンプロデュース
（立ち上げ〜教育指導まで行っていた）
2021年
・講師業スタート
2023年
・NCA開校
2024年
・(株)ネイリストノミライ設立

【実績】
・ネイリスト歴13年
・自宅サロン10年連続満席
・新規リピート率100%
・県外のお客さま多数
・片道2時間半のお客様も
・累計10,000人以上の施術
・1,000人以上のネイリストに指導

【資格】
JNECネイリスト技能検定1級

ネイリストの常識はお客様の非常識
時短特化型・満席サロンのつくり方

「オフオン45分」「リピ率100%」「値上げ」10年連続満席のヒミツ

2024年3月15日　初版第1刷発行
2024年3月29日　初版第2刷発行

著　者　品川あゆみ
編　集　三上さくら
協　力　Mr.J
発行者　鈴木ケンジ
発行所　株式会社ゼロワン出版
東京都中野区本町5-17-5
Tel 03-6820-1194
https://www.01-publishing.com

発売所　有限会社今日の話題社
東京都品川区平塚2-1-16 KKビル5F
Tel 03-3782-5231
https://wadaisha.com

印刷・製本　株式会社シナノパブリッシングプレス

乱丁・落丁本はお取替えいたします。

ISBN978-4-910216-12-6　C0034